영원히 살아 있는 세상

참마음은 무한대 우주 이전의 우주인 진리가 참마음이다.
거짓된 자기를 버리고 죽여야 진리와 하나가 될 수가 있다.
진리는 자기라는 존재가 없는 곳에 있다.

세상 너머의 세상 II

영원히 살아 있는 세상

우명 지음

참출판사

우 명 禹明

경북 의성에서 태어나다.
삶의 갖가지 역경을 거치며 삶에 대한 깊은 성찰을 하면서
진리에 대한 마음의 눈을 뜨다.
교육 출판 사업과 입시학원 원장을 하면서 구도에
힘써오다가 병자년 1월 초 완전한 진리를 이루다.
진리이어서 진리를 가르쳐야 하는 운명임을 알아
1996년 마음수련을 창시하다.
마음과 진리에 대한 일깨움의 대중화에 힘쓰다.

저서로
<세상 너머의 세상> <하늘의 소리로 듣는 지혜의 서>
<하늘이 낸 세상 구원의 공식> 시집 <순리> 등이 있다.
저서 중 <이 세상 살지 말고 영원한 행복의 나라 가서 살자>
영역본은 세계 최대 인터넷 서점인 '아마존닷컴'에서
주간 종합 베스트셀러 1위를 기록하였으며,
5개 국제도서상 2013 LNBA, IBA, NIEA, IPPY Awards,
2012 eLit Awards 철학, 정신 분야에서
최고 영예인 금메달을 수상했다.
또한 <진짜가 되는 곳이 진짜다> 영역본은
2014 에릭 호퍼 어워드 몽테뉴 메달과
2014 NIEA 철학 부문 금메달을 수상했다.
우 명 선생의 저서들은 영어, 프랑스어, 스페인어,
포르투갈어, 이탈리아어, 스웨덴어, 헝가리어, 일본어,
중국어 등 세계 여러 언어로 번역, 출간되고 있다.

표지 삽화는 우명 선생의 그림 '영원히 살아 있는 세상'의 부분이다.

목차

제 1 편 참마음

제 2 편 믿음이란

제 3 편 이루어지는 때다

제 4 편 참사랑이란

제 5 편 신의 마음

제 6 편 진리로 가는 길

서문

이 세상은 큰 세상의 입장에서 보면
모두가 하나이나
이 세상에 사는 사람은
세상을 탓하며 산다
자기의 입장에 세상을 맞추려니
사람은 세상 탓하며 산다
세상의 입장이 되어 세상 살면
세상은 원래 완전하였고
세상은 영원불변의 살아 있는
천극락의 나라이어서
너나가 없고 모두가 하나인 나라에
하나로 살 수가 있고
죽음이 없이 살 수가 있으니
사람은 모두가 남의 탓하지 말고
세상이 완전하니 나의 탓임 알고
나를 회개 참회인 죄 사함하여

세상이 되어 내가 없이 살면 하나가 되고
너의 나라 나의 나라가 없고
너의 종교 나의 종교가 없이
창조주인 세상의 뜻에 살면
전지전능하여 일체의 모를 것이 없고
세상의 이치를 다 알아
나 중심으로 꿈속에서 살던
그 망념의 의식에서 벗어나
참이고 바른 세상인 큰 의식으로 살게 되어
부딪치고 걸림이 없이
일체를 수용할 수 있는 것이다

어제 저녁 꿈꾼 것이
눈뜨고 보면 실이 아니듯
자기중심으로 자기만 위하여 사는 삶도
또한 꿈이라

그 마음먹은 대로 세상이 되어지듯
내 마음이 세상이 되면
세상의 이치를 알고
영원불사하는 진리 자체여서
참 삶을 살 수가 있는 것이라

나는 살면서 인간이 어디서 와서
왜 살며 어디로 가고
또 영원히 살 수가 없느냐는 의문이
세상이 되어 보니
일체의 의문 의심이 풀렸고
사람에게 세상 되어 세상의 입장에서
사는 방법을 가르치고 있다
성인의 말씀인 성경 불경 기타의 경은
세상 입장에서 말씀한 것이니
모두가 눈을 뜨고 귀가 막힌 것을

다 보고 듣게 되는 것이
바로 세상의 입장이 되면
모든 것이 다 알아지고 밝혀진다
세상 되어 세상처럼 죽음 없이 사는 것이
만고의 진리여서
사람들이 하루속히 회개 참회 하여
무지에서 지혜를 가졌으면 하는 바람에서
이 글을 적는다

2004년 3월

우 명

제1편

참마음

완성되자 | 사람 마음 | 참마음 | 참 믿음이란 | 살아서 영생천국 나야 죽어서도 그대로 그 나라 산다 | 재림과 부활이란 | 영생천국이란 | 진리공부의 마지막은 | 전지전능의 참뜻은 | 진리의 세상이란

완성되자

사람들아
내가 어디서 왔고
어떻게 진리 알아 가르치는지
알려고 하지 마소

사람들아
내가 하는 일이 무엇인지
또 어디 가는지
알려고 하지 마소

나는 사람의 상식으로는 알지 못하고
사람들은 나를 모르고
자기중심으로만 나를 판단하고
살아가고 있소

사람들아
평범한 가운데 비범이 있고

사람이 있어 사람을 가르치는
원리를 알아나 보소
사람이 진리로 나와야
사람도 진리가 될 수가 있지 않소
사람이 진리가 되지 않고는
사람이 진리로 날 수가 없지 않소

사람들아
이 천지가 모두가 살아 있고
이미 깨쳐 있으나
사람이 깨쳐 있지 못한 것은
자기중심으로 살아서이오

죄 사함하여 모두가 진리로 나소
나의 죄를 다 사하면
부처님 하나님의 마음만 남소
부처님 하나님은
살아 있는 영원불변의 존재가
부처님 하나님이고
진리고 창조주이오
있는 만상은 창조주의 표상이고
모두가 살아 있으나

인간만이 자기의 집착인 망념 속에 갇혀
또 무덤 속에 갇혀 자기가 죽어 있소

죄 사함 다한 자는
영원불사하고
죄 사함 다한 자는
이마에 하나님의 도장 맡아
죽음이 없고
하늘나라 일하며 살아가고
살아서 다 이룬 자는
자기가 진리라
죽음이 없지요

살아 영생천국 나고
살아 하늘나라 일하며
천복을 쌓는 자가 참인 자요
살아 하늘나라 일하는 자가
하늘의 권세 가지고
그 나라에 자기의 복을 쌓는 것이오
복이란 자기가 가지는 것인데
자기의 복을 쌓은 만큼
그 복이 하늘나라에 있는 이치를

아는 자는 세상 없소
나는 나가 없고
하늘나라에서 왔으나
사람은 나를 모르니
신선이 사람 눈에 안 뜨이는 이치이고
도인은 도인이라야
도인을 알 수가 있지 않소

사람이 아는 것은
자기의 집착에서
그 마음인 거짓만 알고 있으나
그것으로 시비하고 분별하고 판단하는 것은
자기의 꼴임을 모르고 살지 않소

신선이란
자기가 다 죽어
완전한 진리로 난 자가
신선이오
부처란 하나님이란
우주 이전의 우주라
그 자체의 가장 넓고 가장 크고
가장 낮고 높은 마음 가진 자가

신선이고 도인이오
자기의 망념의 마음에는
부처님 하나님이 조금도 없소
가장 크고 가장 넓고
가장 낮고 높은 마음 가진 자가
부처님 하나님으로 다시 난 자요

자기가 없으면
그 자리가 진리 자리요
자기가 다 죽은 자는
무한대의 창조주가 자기가 되어 다시 나니
이것이 부활이요
이것이 진리의 자식으로
다시 난 것이라
이 천지는 사는 것이
이 천지는 이미 완성되어 있으나
이 천지는 이미 깨쳐 있으나
사람이 자기 속에
수만 가지의 망념만 가지고
살아가고 있으니
자기가 자기 속에 갇혀
죽어 있지 않소

산 자는 그 무덤에서
망념의 자기와 자기 것 다 버리고
부활하여 살아서
영생천국 나서 살지 않소

산 자는 죽은 자를 아나
죽은 자는 죽은 줄 모르고
꿈 깨고 보면
망념인 허 자체이듯
사는 삶이 꿈과 같아
허인 줄을 모르고 살아가고 있지 않소
진리인 부처님 하나님 입장에서 보면
인간 삶이 꿈과 똑같이
꿈속에서 살아가고 있소
실인 진리인 입장에서 보면
삼라만상은 모두가 살아 있소

이 천지는 이미 완전하나
좁아빠진 인간의 마음에는
자기의 꼴대로 만상을 보니
만상은 산 것인지 죽은 것인지를
모르고 있지 않소

자기 것 다 버리고
가장 큰 마음 가지어
참 되어 참의 나라를 가져보소

창조주란
우주의 만상이 나온 곳이 창조주요
우주 무한대의 우주 이전의 우주가 창조주요

우주에는 별이 있고
달이 있고 태양이 있고
지구가 있다
이것이 나온 곳이 어디인가
이것이 나온 곳은
우주 이전의 우주다
우리는 과학시간에도
우주에서 만상이 나왔다고 알고 있고
만고의 진리는 우주 이 자체이다
이 자체가 창조주이고
이 자체가 하나님 부처님이다
우주 이전의 우주가
창조주인 하나님 부처님이다

천지 삼라만상은 이 자체에서 나왔고
이 자체로 되돌아간다
이 자체는 조화인 조건에 만상이 나고
조건에 살다 조건에 간다
불교에서는
지수화풍에 만상이 난다고 하고
기독교에서는
하나님이 창조했다고 한다
전체인 하나님인
우주 이전의 우주 입장에서 보고 이야기한 것이
기독교의 입장이고
만상이 생겨난 조건을 보고 얘기한 것이
불교의 입장이다
이 말은 서로 다른 것 같으나
같은 말이다

이 천지의 창조는
창조주인 진리가 한 것이다

사람들은 자기의 말속에 묶여
그 말 자체가 아니면 아니라고 생각하나
같은 말의 뜻은

자기 관점인 자기중심적인 입장에서는
있지도 보이지도 않는다
전체인 진리의 입장에서 보면
진리는 하나이고
창조주라는 말이나
그 창조를 한 조건인
지수화풍에서 났다는 말이나
말은 달라도 하나인 것이다

사람 마음

사람의 마음은 사람마다 다르다
사람의 그 마음은
자기가 산 삶에 의하여
그 경험에 마음이 나는 것이다
자기 환경에 그 마음이 생기는 것이다
자기가 살아왔던 삶은 사람마다 다르다
그래서 사람은 자기가 가진 집착의 마음에서
자기라는 것이 형성이 되어
자기중심적인 마음으로 살아가고 있다

사람 사람마다의 의견이 다르고
그 생각이 다른 것도
자기의 관점이 다르기 때문이다
자기 속에 참 아닌 망념의
자기를 가지고 맞고 안 맞다
시비분별하고 사는 것이다
그것에는 참이 없다

그것을 버리고 자기를 버리면
원래에 존재하는 참마음이
있는 것이다

참마음

사람 마음속에
망념인 마귀인 귀신을 넣은 자는
귀신 마음에 살고
부정적인 마음 가진 자는
부정적인 마음으로 산다
긍정적인 마음 가진 자는
긍정적인 마음으로 산다

마음이 좁은 자는
매사가 부정적이고
자기중심적인 자기 틀대로
생각하고 판단한다
그러나 긍정적인 자는
그 마음이 커서 긍정적인 것이다

참마음이란 그 망념된 자기중심적인
집착된 마음 이전에 있는 마음이다

이 마음은 우주 이전의 우주인 신이라
이 마음은 진리라
이 마음 영원불변하고
살아 있는 마음이라

이것이 우리의 본성이고
이것이 우리의 본래이고
이것이 우리의 신이고
하나님 부처님 한얼님 알라이시고
창조주이고
이 자체는 살아 있어
이 자체의 참마음인
우주 이전의 우주인
마음 가진 자는
죽음이 없고
살아 있어
살아 영생 천극락 나서
사는 법이라

그 마음에도 음양이 있고
그것이 정과 신이요
불교에서는 보신불 법신불이요

기독교에서는 성령 성부이다

그 자체의 본마음의 표상이
우주의 삼라만상이고
이 세상은 이미 깨쳐 있는 것이
그 마음 자체는 창조주이라
가장 넓고 가장 크고 가장 높고 낮아
그 마음 가진 자만이 창조주라
죽음이 없는 것이라

참마음은 무한대 우주 이전 우주요
그 무한대 우주 이전 우주로
인간이 태어났을 때
다시 말해 마음 닦아 그 자체가 될 때
인간은 죽음이 없고 영원히 살고
살아 영생천국 자기 속 가지고
천극락 삶 사는 것이라

참마음은 무한대 우주 이전의 우주인
진리가 참마음이다
거짓된 자기를 버리고 죽여야
진리와 하나가 될 수가 있다

진리는 자기라는 존재가
없는 곳에 있다

세미나를 하다가 나는 사람들에게
진리가 무엇이냐고 물어본다
많은 사람이 말로는
진리다 하나님이다 부처님을 찾지만은
정녕 이 존재를 아는 자는 없다
진리는 우리가 흔히들 만고불변하는 것이라고
말을 하고 있으나
그 진리의 존재가 우주 가운데 있을 터인데
영원불변하는 존재가 무엇일까
이 존재는 무한대 우주 허공 이전의 허공이다

우주에 있는 만상을 다 없애면
우주에는 허공만이 있다
그 허공은 아무리 없애도 없어지지 않는 것이다
그 자체는 우주의 에너지와 빛이다
다시 말하면 우주의 몸과 마음이다
이것이 정과 신이요 이것이 성령 성부요
이것이 보신불 법신불이다
이것이 진리인 것이다

수많은 별들이 영원히 왔다 갔다 해도
그냥 존재하는 이 존재는 살아 있다
그래서 나는 진리는 영원불변한 것이고
살아 있는 것이다,라고 한다
살아 있다는 것은 그 자체가 생명이 있기에
살아 있다 하는 것을 하나 더 붙인다

진리는 우주에 그냥 존재하는
창조주인 것이다
인간이 이 진리와 하나가 되는 방법은
자기를 버리는 것이다

자기라는 집착된 망념 때문에
진리를 모르고 우리는 살아가고 있다

기독교식으로는
죄에 묶여 자기 속에 갇혀 있는 것이다
이 무덤에서 부활하려면
자기의 몸 마음을 다 버려
진리의 몸 마음으로 다시 나야 하는 것이다
자기의 존재는 몸 마음밖에 없는데
그 마음이란 자기가 환경에 살아왔던 경험을

자기의 마음속 두고 그것으로
자기를 판단하고 시비분별하고 산다
그것을 버리고 그것의 집인
몸 버리면 우주만 남아
그 우주 이전의 진리의 몸 마음으로
다시 나야 사는 것이라
영원불변하는 진리의 에너지와 빛으로
다시 난 자는 진리 자체라 죽음이 없고
죽지 않는 나라에서 영원히 사는 것이라
자기를 다 버리고 죽는 것이
진리인 부처님과 하나가 되는 것이라

참 믿음이란

믿음이란 마음의 확신이다
믿는다는 것은 자기의 마음이
믿을 때 믿는 것이다
자기의 마음이 믿는 것은
자기의 마음이 그 자체와 하나가 될 때
믿는 것이다

하나님 부처님 한얼님 창조주는
진리 자체라
그 자체를 믿는 것은
사람의 더러운 마음을 닦고 죄 사함을 하여
가장 크고 가장 넓고 가장 높고 낮은
그 자체의 마음을 가져야
하나님 부처님 한얼님 창조주를 믿는 것이다
자기의 마음이 확신하고
그 자체가 되지 않고는
마음에 믿음이 없는 것이라

마음의 확신이란 마음이 깨치는 것이라
자기의 망념의 마음이 깨어지고
가장 크고 넓은 또 가장 높고 낮은
무한대의 마음 가질 때
하나님 부처님을 자기 속에
모시는 것이 되는 것이라
자기가 그 자체라 그것이 믿음이라
마음이 믿어야 믿는 것이라

흔히들 사람에게 나는 묻기를
자기 속의 하나님 부처님을
믿느냐고 물어보면 사람들은
그냥 믿는다고 한다
그 자체의 믿음은 믿음이 아닌
자기 속의 망념의 하나님 부처님을
자기가 믿는 것이라
자기의 요구를 바라는 기복의
종교를 믿고 있는 것이라
마음이 진리의 완전함으로 커갈 때
자기의 좁아빠진 마음은 깨어지고
하나님 부처님의 마음이 드러날 때
드러난 만큼 아는 것이 깨침이라

드러난 만큼 믿어지는 것이라

하나님 부처님은
인간의 속에는 없는 것이라
자기 죄로 자기 속 갇혀
그 무덤에서 빠져나와야
하나님 부처님이 있는 것이라
자기의 죄를 완전히 다 사할 때
사해진 만큼 믿어지는 것이라

완전히 죄를 다 사한 자는
이마에 생각의 뭉치에
하나님 부처님이 그대로 모셔져야
죄를 다 사한 것이라
그 자체인 하나님 부처님과 하나가 되는 것이
참 믿음이라

살아서 영생천국 나야
죽어서도 그대로 그 나라 산다

사람이 완성되어야 죽음이 없고
사람이 완성되어야 천국이 있는 것이라
살아서 영생천국 난 자는
죽지 않고 사는 것이라
이 천지가 천국일 때 천국이 있는 것이라

사람의 의식인 마음에는
천국이 하나도 없는 것이
사람은 참이고 실인 진리를
그 마음에 가지고 있지 않아
자기의 마음에 천국이 없어 없는 것이라
영생도 천국도
완성된 창조주의 자식이 되어
나서 사는 나라라

천국이란
이 우주 자체의

과거 현재 미래의 있는 삼라만상이
다 살아 있는 나라라
그 나라는 자기의 집착의 마음을 넘어선
다시 말하면 자기라는 존재가
죽고 넘어간 세계가
영생이고 천국이라

살아서 진리인 무한대의
이 자체가 되지 않는 자가
천국 가진다는 것은
천국 아닌 망념의 천국 가지는 것이라
그 자체가 죽음이고
그 자체가 망상이라
천국은 산 자의 나라이고
천국은 하나님 부처님 나라라
천국은 완성된 영원불변의 사는 나라라

완전한 나라는
태초부터 있었으나
사람이 이 자기의 집착에
그 완전함과 하나가 되지 않아
망념 가지고 살아

망념 가지고 죽어 있으면
참 아닌 거짓의 환 속에 사는 것이라

나는 군 생활이 체질에 맞지 않아
삼 년의 세월을 힘들게 하고 나왔는데
어느 날 꿈을 꾸었는데
내가 군에 가지 않았다는 꿈을 꾸었다
그 꿈속에서 나는 갔다 왔다고 하려고
수만 가지의 증거를 대었으나
그 증거가 필요가 없고
나는 다시 군대에 가는 가슴 답답한 지경에 놓였다
다시 군 생활을 하다가 꿈을 깨었다
꿈을 깨고 보니 나는 군 생활 하지 않고
그 꿈이 허상이었다

인간도 사는 것이
하나님 부처님 입장에서 보면
하나의 고통의 꿈을 꾸고
살고 있는 것이라
그 꿈속서 깨고 보면
내가 죽은 줄 알고
지옥에 갇힌 줄 알고

환인 허에 살았음 꿈 깬 뒤 안다
꿈꿀 때는 자기가 꿈속에 있어
그것이 허인 꿈인 줄 아는 자가
없는 것이라

실상세계인 완성 세계인 완전한 나라는
나의 마음에 가질 때 가져지는 것이고
그 실인 진리 자체가 될 때
살아 있는 영원한 나라가
나 속에 있음을 알 수가 있다

천국도 지옥도 환이라고 하는 것은
망념의 허상 속에 가진
천극락과 지옥은 허상이라
참의 세상의 일체는
그 자체가 진리라
살아 있는 것이라
살아서 마음의 회개하여
천극락 가지지 않는 자가
믿어 죽어 천극락 가진다는 말은
어떻게 믿을 수 있는가
믿음의 참뜻을 몰라서다

살아서 산 자라야 산 자는 산다
산 자는 산 것 알고 산 자 안다
산 자는 죽은 것 알고
지옥 알고 천국 안다
천국 난 자는
산 자인 창조주의 자식만 사는 나라에
사는 사람이라

어디까지 죄를 사해야 완전하여지는가
인간의 죄는
조상 대대로 이어져 나온 인간이
선악과를 따먹고부터
원죄가 있게 되었다
아담과 이브 이전 시대에도 사람이 살았었다
에덴동산이라는 곳은
자연 동산인 하나님이 창조한 동산인
자연 그대로의 동산이다
사람이 집단생활을 하다가 보니
선이다 악이다의
구분을 하여 놓고 살았다

선악과라는 나무가 있는 것이 아니고

선이다 악이다를
자기 속에 가지게 되는 것이다
배가 고파 남의 것을 훔쳐 먹으면
도둑질했다는 그 마음을
사람 속에 가지게 되니
그것이 악을 따먹은 것이다
사자가 매일 짐승을 잡아먹어도
살생했다는 마음이 있는가 없는가
없다
없으니 사자에게는 죄가 없는 것이다
인간은 살생하면 살생했다는 마음이 있어
그것을 살생했다는 마음을 먹었으니
따먹은 것이다

예수님 말씀에 왼손이 하는 것을
오른손이 모르도록 하라는 말씀은
인간은 선한 일을 해놓고
했다는 마음이 있으면
그것 또한 선을 따먹은 것이다
사람은 그 자체를 자기 속 가지게 되니
하나님과 거리가 멀어지는 것이라
하나님은 원래

삼라만상과 사람을 창조할 때
하나님이 진리이시라
진리로 창조하였으니
모두가 진리인 하나님의 자식이나
인간이 자기의 중심의 그 마음을 가져
하나님과 거리가 멀게 된 것이다

선악과를 우리의 조상 대대로 따먹고
나라는 존재가 있게 되었으니
나는 원죄를 가지고 세상 난 것이라
일체는 원래는 하나인 진리인
하나님의 자식이어서
그 모양의 형체대로
살아가고 있는 것이다

우리말에 꼴값한다는 말은
모양의 값을 한다는 얘기다
그 부모가 마귀인 죄인이라
자식도 마귀인 죄인으로 나서
그 마귀가 삶 살며
꼴값을 하고 살다 보니
자기중심적으로 살아가고 있는 것이라

자기중심적이라는 것은
그 모양에 마음이 있어
자기가 살아왔던 산 삶도 마귀의 자손이라
마귀 짓 하고 산 것이라
인간은 자기의 몸 마음밖에 없다
그 몸과 마음을 버려
창조주의 몸 마음으로
다시 나는 것이 마음수련이다

첫 단계 둘째 단계는 마음을 없애어
우주와 하나인 것을 깨치고
셋째 넷째는 그 몸을 없애어
우주의 정신을 보는 것이고
다섯째 여섯째는 우주 전체의 그 정신을 보는 것이고
일곱 여덟 번째는
그 정신 자체가 되는 것이고
그것이 됨과 동시에
완전히 자기 개체의 마음이 없어지고
우주 그 자체의 정신으로 화하게 되는 것이라
우주는 에너지와 빛 자체로 되어 있는데
진리인 이 에너지 빛 자체로 화하지 않고는
살 자가 아무도 없는 것이라

나 자체가 무한대 우주의 에너지와 빛이신
창조주와 하나가 되는 것은
나를 다 버리고 다 죽여야
그렇게 된다

무한대 우주의 그 사이클 속에 나가 들어가면
일체가 끊어진 공의 마음이고
계속 닦다가 보면 나 속에 마음의 집인
몸이 깨끗해졌을 때 다시 말하면
우주의 에너지와 빛 자체로 화했을 때
내 마음은 없어지고
이마의 생각뭉치에 창조주의 신이 임해야
죄를 다 사한 것이라
성경에는 이것을 이마에 인친 자만 산다고 했고
불경에는 백호광명이라고 했다
이것이 마귀에게 완전히 승복을 받은 것이라
다시 말하면 개체의 나로부터
완전히 벗어난 것이라
진리 자체가 되어 이것이
진리는 너희를 자유롭게 하리라는 말씀처럼 된 것이고
해탈이고 창조주 자체가 되었으니
죽음이 없고 살아서 영원히 천국 나서 사니

다 이룬 자라
다 이룬 자는
자기의 죄의 짐인 몸마저 다 없어져서
창조주와 하나가 되어야 한다
인간의 그 마음이
이마에 생각으로 표출되어 행동하게 되는데
그 생각이 각각인 것은
각각의 마음이 다른 것이다
생각과 마음은 하나이나
무의식 속에 나 속에 내재된
마음의 표상이 생각이라
죄를 다 사한 자는
생각의 뭉치에
빛이신 신의 지혜가 임해야 하는 것이라

사람이 자기가 다 닦였느냐의 측정은
생각의 뭉치가 있느냐 없느냐다
그곳에 빛인 하나님의 도장받은 자는
고통 짐이 일체가 없고
대지혜 가져서
아는 것이 아무것도 없지만
일체를 다 아는 것이라

이마에 인 맞을 때까지
자기를 버려야 한다

재림과 부활이란

재림이란 다시 온다는 뜻이다
예수님이 다시 온다는 뜻은
이천 년 전에 돌아가신 예수님이
오시는 것이 아닌
아브라함 이전의 하나님이신 예수님이
다시 온다는 뜻이다

하나님이란 우주를 창조하신 분이시고
하나님은 우주 이전의 우주이신
정과 신의 자리가 하나님이시다
성령과 성부 자리가
우주의 에너지와 빛인 진리라
그 자체는 무한대 우주 이전의 우주 자리라
이 자체인 진리 자체가 오는 것이
하나님이신 예수님이 오는 것이라

사람이 자기가 일체 없고

무한대의 우주 이전 우주가 된 자는
다시 온 자라

성경에도 너희들 가운데서
하늘로 올라가신 예수님처럼
너희들 가운데서 온다고 했고
사람이 온다고 했다
성부 성령으로 다시 난 자는 부활이요
하늘에 휴거된 자요 하늘서 온 자라
재림이란 진리이신 하나님이 된 자가
오는 것이 재림이다
모두가 하나님 아버지라고 기도하지 않는가
하나님의 자식으로 다시 나
부활한 자는 모두가 재림예수라

영생천국이란

영생이란 영원히 사는 것이고
천국이란 영원히 사는 존재만 사는 나라라
인간이 영생하려면
창조주의 나라에 나야 하고
창조주가 되지 않고는 영생천국이 없다

흔히들 사람들이 죽으면 어떻게 되느냐
궁금해하나 그것의 해답은
자기가 증득하지 않고는 알 자가 없다
깨침이란 사람 속에는 참이라고는 하나도 없고
그 사람이 가장 높고 가장 넓고 가장 큰
우주 이전의 우주인 진리로 갈 때만
깨침이 있다
다시 말하면 좁아빠진 자기의 마음이
진리인 완전함으로 갈 때
그 마음이 커진 만큼 알아지는 것이 깨침이다
세상 살면서 사람들은

깨침이란 낱말을 자주 쓰나
참으로 자기의 의식을 깨친 자는 없다
이 세상의 일체는 이미 깨쳐 있으나
또 완전하게 되어 있으나
인간이 자기의 죄로 인하여
자기가 무덤 속에 갇혀 죽어 있다
자기의 몸만한 마음을 가지고
자기가 배운 만큼만 알고 살기에
사람은 지혜가 없는 것이라

지혜란 하나님을 알고
되는 것이 지혜라
지혜란 하나님인 신이 지혜라
자기의 의식인 마음이
무한대 우주 이전 우주를
다 담을 때 참 하나님도 볼 수 있고
될 수가 있는 것이라
그 자체만이 진리인 영생불멸한 존재이고
살아 있는 존재라
살아 있어 이 자체가 된 자는 죽음이 없고
이 자체가 된 자는 생사가 일여하여
이 자체가 된 자는 영생불멸의 에너지와 빛인

진리로 화한 자라
사람이 자기 죄를 사하여
이 존재로 화하지 않고는
영생이 없는 것이라

하나님 나라가 천국이라
하나님의 나라는 이미 완성이 되어 있으나
인간이 자기 죄로 인해
자기 무덤 속에 갇혀 있어
자기의 죄를 사하여
모두가 하나님의 나라에 들어야 한다
천국은 진리인 창조주만 사는 나라인 고로
그 자체로 거듭나지 않고는
영생과 천국이 없는 것이라

진리공부의 마지막은

사람들은 진리가 무엇인지 아는 자가 없다
진리공부를 하려면
사람은 지극해야 할 수가 있다
오로지 일심자만 이 공부를 하는 것 같다
마음공부의 깨침의 칠팔 단계는
이루는 자가 드물다
처음부터 하다가 보면
중도에서 모두가 포기를 많이 한다
그만큼 영생천국 가기가
낙타가 바늘구멍 통과하는 것과 같아
진리공부의 마지막은
하나도 자기라는 개체의 마음이 없고
자기 속에 신이 존재하여야 한다

개체의 마음이 없다는 증표와
다 이룬 증표는
마음이 머무는 것이 이 몸이라

이 몸과 마음이 깨끗하여
하나님과 하나가 되면
이마에 생각의 뭉치가 있는 고로
그 생각의 뭉치에 빛인 우주의 창조주이신
진리가 임해야 죄를 다 사하여
진리 자체가 되었다는 증표이고
인친 자는 지혜의 신 자체라
더 닦을 것이 없고
완성된 자라
사람이 살아서 죄를 다 사해야
살아서 영생천국에 나서
이 땅에서 완성돼야
사람 속에 영생천국이 있는 것이라

전지전능의 참뜻은

세상에는 수많은 종파가 있다
기독교의 한 종교에서도
오만 종파가 있다
서로가 자기가 믿는 것만 맞다고 말하고
딴 것은 다 이단이라고 한다
미국에서 교회와 교회의 싸움이
심각한 것을 나는 많이 본다
불교도 마찬가지로 많은 종파가 있다
원래 예수님이나 석가모니 부처님은
그렇게 종파가 생기게 가르치지 않았고
또 그렇지가 않아
인간의 가진 마음에 자기라는 것이 있어
종파가 생긴 것이라

성경 불경의 참뜻은
모두가 회개 참회 하여
진리와 하나가 되라는 이야기인데

그 회개 참회는 어디 가고
자기중심적인 해석에 인간들은 서로가 있어
종파가 있는 것이다

창조주는 우주 이전 우주인
에너지와 빛 자체다
전지란 우주의 신인 빛이라
전능이란 우주의 몸인 에너지라
이 자체로 난 자는
인간이 완성되어 전지전능한 존재라
전지란 진리를 아는 것이고
전능이란 창조라
하나님의 창조란 순리라
하나님의 창조란 인간이 생각하는 것처럼
그런 창조가 아니라
이 세상의 조건에 스스로 내는 것이라
이것이 있어야 저것이 있듯이
조화에 하나님은 창조한 것이라

진리의 세상이란

진리의 세상이란
하나님 부처님의 세상이라
진리의 세상이란
하나인 세상이
영원불변의 죽음이 없는 세상이라
우리가 가만히 생각하여 보자

삼라만상 일체는 나타난 것이 있어
나타난 것이라
그 나타내게 한 것이 창조주이고 진리라

진리의 세상은 완전한 세상이어서
그대로 영원히 존재하는 세상이라
이 우주에는 우주 이전의 허공이 있었고
그 허공서 삼라만상이 난 것이라
삼라만상은 무한대 우주의
허공 입장에서 보면 하나 자체라

살아 있는 정과 신 자체라
다 살아 있는 것이라

마음공부를 하다가 보면
영원히 없애도 변하지도 않고
죽지 않는 존재가 있다
그 존재가 바로 진리인 것이다

이 우주에는 영원히 스스로 존재하는 진리가
우주의 몸 마음인 정과 신이 있다
무한대 우주의 원래의 근본이
이 진리인 정과 신이라
이 정신에서 우주 삼라만상은
있음으로 나타난 것이라
그 있음으로 나타난 일체는
그 자체가 무한대 우주의 몸 마음이라
다시 말하면 우주의 정과 신이라
죽음이 없는 것이다

이 몸 자체는 인연에서 와서
인연에 살다가 인연에 가지만
그 자체가 된 삼라만상의 일체는

그 마음인 정과 신은 영원히 죽지 않는다
그 나라가 천극락이고
그 나라 사는 일체는 또 진리라
영생불멸하고 사는 나라가
하나님 부처님의 나라라

이 우주에는 원래가 창조주가
완성되게 창조하였으나
인간이 자기 편협적인 마음만 가지고 있어
있고 없고가 살아 있는
천지의 조화를 모르고 살아가고 있다

원래 이 천지는 깨쳐 있고 죽음이 없고
원래 하나님은 진리이시라
하나님이 창조한 일체는 진리라
죽음이 없고 영원히 살게 하였으나
인간이 자기의 죄업으로 죽어 있어
산 것 모른다

이 우주의 진리는 만고의 우주의 몸 마음이다
이 몸 마음으로 다시 난 자는
그 정신인 영혼이 사는 곳이

하나님 부처님 나라인 완전한 천극락이다
하나님은 항상 살아계시고 영원하시나
사람이 하나님을 모르는 것은
사람의 마음에는 하나님 부처님이 없는 것이라
자기를 없애어 자기가 죽고 넘어간 세계가
영생이고 천국이고 하나님 나라라

사람이 이 세상에서 천극락이 이루어져야
종교 사상 철학 정치 경제 사회가 하나가 된다
이 나라가 자기가 죽고 넘어간 세계다
이 나라는 신이 된 영혼이 영원불멸해 사는 나라다
살아 이 나라 간 자는 이 나라의 삶 살고
천극락에 살아서 복 쌓는다
복이란 천복이 으뜸이고
복이란 타는 것이 아닌
복은 쌓는 것이다
자기가 쌓은 복은 영원히 자기 것이라

하늘 난 자는 하늘복 쌓고
땅에 난 자는 땅에 재물 쌓는다
인간은 자기의 망념의 세상에 재물을 쌓고 사나
그것은 죽은 것이고 참이 아니라

신의 나라에 재물을 쌓는 자는
가장 복된 자라

어느 종교나 자기의 바람의 기도를
하면서 살아가고 있으나
자기의 마음만큼 자기가 가지는 것이
이 세상의 이치라
자기가 가진 마음에서 자기가 행하고 사니
그 복을 찾는 자는 오히려 복이 달아나는 법이라
참 복은 진리 가진 자요
진리나라 쌓는 것이 복된 자라

다 죽어 죄 사함을 다하여
생각뭉치인 이마에 지혜의 신이 거해야
다 이룬 자라
자기를 죽이고 버리고
하염없는 시간이 지나면
진리에 이를 수가 있는 것이라

예수님도 십자가에 못 박히기 전에
나는 다 이루었다고 한 말씀은
하나님인 진리를 위하여

십자가에 못 박혀 돌아가심으로 인하여
자기는 완성인 창조주와 하나가 되어
창조주로 부활한다
예수님은 이것이 완성된 자기를 알기에
다 이루었다고 한 것이다
살아서 완성이 되기란
참으로 힘이 드는 것이라

예수님이 죽어야 하나님과
하나가 될 수가 있음을 가르쳤다
자기 죄를 다 사하는 기도는
자기의 죄인 몸 마음을 다 버리는 것이라

칠팔 단계에서 다 버리다가 보면
죄가 일체가 없어지면 이마에 인을 맞게 된다
우리의 마음에서 생각이 나고
그 마음이 일체가 없어지면
생각의 뭉치에 신이 존재하게 되는 것이다
이것이 인간 완성이다
신의 자식으로 다시 난 자요
백호광명을 받아
지혜의 신의 의식만 가지고 있기에

일체의 번뇌가 끊어진 자리요
이것도 생각뭉치에 난 자만 알 수가 있다

더 닦으려고 해도 닦을 것이 없고
안과 밖이 하나이고
자기 속의 신의 세계나
자기 밖의 신의 세계가
탁 트인 그냥 하나라
일체가 끊어졌지만 일체를 다 아는 경지라

지혜의 신인 창조주가 임하여
진리에 모를 것이 없고
아는 것이 끊어진 하나님의 부처님의 마음이라
기쁨이라는 것조차 없지만
마음속에 기쁨이 있는 것은
일체가 수용되고
이것저것에 걸림이 없고 막힘이 없고
나가 없어 자유라
나가 없어 해탈이고 진리라 자유라
진리라 해탈이라
신 그 자체라 진리에 막힘이 없고
생사가 일여하고 살아 영생천국 난 자라

천국에 자기의 복 쌓는 일만 하는 것이라
지혜의 신이요
세상의 이치를 훤히 아는 빛의 신이라
산 자는 살아 있는 나라의 일하고 산다

제 2 편

믿음이란

믿음이란 | 인간이 살구나 | 만상은 그 모양에 행하는 마음이 있다 | 세월이 지나야겠지 | 아가야 | 본래 | 본마음 | 인간 완성인 진리의 참나를 찾아 되게 하는 데 팔 년이 걸렸다 | 번뇌가 일체 없어야 완성된 자다 | 진리는 아는 것이 아니고 진리 자체가 되는 것이다 | 자기에 맞는 구세주는 영원히 오지 않는다

믿음이란

믿음이란
마음의 확신이다
마음의 확신이란
마음이 믿을 때 믿는 것이다
마음이 믿는다는 것은
나 속에 마음인 의식이
그 자체가 될 때
마음에 확신이 오는 것이라

하나님을 믿는 것은
하나님이 나 자체가 될 때
나의 마음이 확신하는 것이라

참 믿음은
내 마음 자체가 그 자체가 되어
마음이 믿어 확신하는 것이라
망념의 믿음을 믿음으로 착각하는 이들은

참 믿음은 내 마음의 확신이라
마음의 확신은 믿음의 대상을
보고 알 때이고 될 때이다
번뇌 망상이 있는 것은
무지해서이고 알지 못해서이고
죄가 있어이다

아는 것이 궁금한 것이 일체 없어야
완성된 자이고 죄가 일체가 없어 진리가 되어
생각이 있는 이마에 진리가 든 자가
죄를 다 사하여 완성된 자이고
더 닦을 것이 없다

인간이 살구나

사람 속에 산 신이 있어
산 신이 사람 살린다
사람이 사는 것은
사람이 완성이 될 때 사는 것이라

사람들아 죄 사함하여
모두가 천극락에 나자
모두가 살자

모두가 자기 탓임 알고
회개는 나가 잘못하여
나의 죄를 사하는 것이라

만상은 그 모양에 행하는 마음이 있다

인간의 마음이 난 것은
부모의 모양에 자기의 마음이 나서
그 마음이 삶 살 때
그 마음의 행을 하고 살아서
그것이 나면서 죄가 있어 원죄이고
산 삶이 자범죄라
이 죄를 사하는 것이 마음공부라
나 속에 원죄와 자범죄로
나가 나 속에 갇혀 있어
모두가 무덤에 갇혀 죽어 있어라
죄는 자기가 살아왔던 산 삶을 버리고
그 몸을 버리면 죄가 사하여지나
이것을 다 이루기란 그리 쉽지 않은 것이라

마음공부의 첫째 둘째는
산 삶을 버리는 것이고
셋째 넷째는 몸속의 습마저 버리는 것이라

다섯째 여섯째는 나의 의식을
신과 같이 되게 하여
영생천국을 견성하는 것이고
일곱 번째 여덟 번째는
대신大神이신 창조주와 하나가 되는 것이고
대신이신 창조주 자체가 되는 것이라
그 자체의 나라에 사니
영생천국에 들어 사는 것이라
인간 완성은 창조주와 하나가 되는 것이고
창조주의 자식으로 나는 것이라
자기 속에 그 마음을 다 닦은 자는
그 마음의 뿌리가 없어
생각의 뭉치가 없는 것이라

그 죄에 인간은
자기의 생각이 모두가
자기가 가진 마음에서 나는 것이라
그 마음이 없으면
생각의 뭉치가 없어져서
그곳에 우주의 신이 임하여
생각의 뭉치가 없어졌으니
이것이 성경에 이마에 인친 자만 산다고 했고

불경에 백호광명을 받은 자이라
사람이 마음을 다 닦고
사람이 죄 사함 다한 자는
이마에 진리의 신이 임한 자는
죄가 없어 더 닦을 것이 없고
이마에 신이 머문 자는 산 자라
진리가 완성된 자라
죄 사함이 끝난 자이라

세월이 지나야겠지

바람이 부는구나 비가 오는구나
바람 비로 아무도 못 오고 그 바람 비를 거치니
하늘은 밝고 밝은 태양 밝은 달에
하늘에 은하수 빛나는 날 되어도
이곳 찾아오는 자가 드물구나
날이 흐리면 흐리다고
또 날이 밝으면 밝다고 하나
그것의 참뜻 모르고
날 탓과 남 탓에 묶이니
자기의 모양이라

하늘에는 어여쁜 초생달만이
거짓말을 하지 않고
그대로 존재하고 있구나
자연은 어김없이
그 자연의 조건에 순응하며 살아가고 있지만
무지한 사람은 자연의 이치를 보고도

자기 속에 갇혀 죽고만 있으니
안타깝기가 그지없구나

죽은 자를 살리려고 하나
죽은 자는 산 자의 뜻 모르고
말 못하고 듣지도 보지도 못하는 바보라
대자연은 스스로 있고 스스로 살다가
스스로 가고 오고가 없이 그대로 사나
사람은 뱀 같은 머리에 독사눈으로 만상을 보니
그 뱀은 죽어 있어라
마음을 보니 그 뱀은 죽어 있어라

마음이 큰 자연의 마음으로 되돌아감이
이 천지에서 대지혜 가지는 것이라
산다 죽는다는 마음먹기에 달렸고
큰 마음인 대자연의 마음과 하나인 자가
영생 불국토에 자연과 함께
세세토록 산다

세월이 지나야 되겠지
인간 사연은 세월 따라
그 가진 마음의 한과 그리운 사랑이 없어지는 것이라

세월이 명약이라
세월 흘러갔어도 마음속 남는 것은
그 마음에 그것이 자기를 잡고 있었어라
그것이 자리잡아 있으면
그 감정의 노예가 되어 살아가고
그 속서 빠져나오지 못한다

천지의 이치는 이 세상의 일체가 사는 삶이
그냥 보고 그냥 살고
그 마음에 가짐이 없이 사는 것이 참이라
이 천지는 일체가 그 모양에 삶 살고
모양이 꼴이라 꼴값을 하고 산다
인간도 그 모양에 마음이 있어
자기의 모양대로 사는 것이라
창조주가 세상에 일체를 낼 때
그 환경에 그 마음이 있게 하였다
모든 것은 그 환경 따라
그 마음도 달라라
이 나라의 삶이 다르고 저 나라의 삶이 달라라
그 자체의 마음으로 모두가 살고 그 자체는
자기의 중심으로 살아 자기 속 갇혀 살아
자유가 없어라

대자유가 없어라
자기가 무덤에 갇혀 자기가 죽고
망념의 환이 자기의 꼴이라
자기가 죽어도 그 망념의 삶 살아 고통이고 짐이라
못 벗어나서 죽어 있는 것이라

참이라야 참만이 있는 이치가 참이라
세상에는 밝고 맑은 태양이 떠 있으나
자기의 마음에 가리어 빛 보지 못하니
사람은 눈 귀가 있어도 있음이 아니고
그 자체가 귀머거리고 봉사라
사는 것도 다 살아 있으나 산 것을 모르고 사니
산 자가 세상에 없구나
산 자는 자기의 의식이 깬 자라
깬 자란 전체인 완전함인 진리 자체와 하나가 될 때
알아지는 것이라
안다는 것은 자기가 없고 빛의 나라로 갈 때
알아지는 것이라
안다는 것은 그 빛이 드러나 밝혀지는 것이라
자기의 틀 속서 사는 자는 자기가 죽어
죽는 자는 죽은 줄도 모르고 있는 것이라

사람의 삶은
목숨에 의하여 삶 살고
참사람의 삶은 의식이 완전하여
그 의식으로 깬 자라 사는 것이라
이 천지의 뜻이란 살아 있는 것이라
산 자와 죽은 자가 함께 있으나
그 목숨이 다하여도 산 자는 살고
죽은 자는 죽어 살지를 못한다
이 천지의 일체가 다 살아 있어
사람만 살면 다 사는 것이라
사는 것이란
자기가 없어 진리라야 사는 것이라
진리로 난다는 것은
의식이 완전하여 살아 있는 것이라
자기의 모습이 진리 자체라 사는 것이라

하나님 부처님은 그 완전함 자체라
그 자체로 다시 난 일체는
모두가 사람 속서 사는 것이라
천인지가 하나인 무한대 우주 자체라
그것이 사람 속 있어 다 살아 있는 것이라
개체 전체가 하나 자체라

다 살아 있는 것이라
개체 속 전체가 전체 속 개체가
그대로 살아 있는 것이라
창조주 자체와 하나가 되어
다 살아 있는 것이라
창조주 자체라 다 살아 있는 것이라
살고 죽고가 없고 그대로가 그 자체라
영원불사의 신 자체라 죽음이 없구나

이 천지의 바른 뜻은
진리나라에 살아서도 살고
죽어서도 사는 이치를 알아
모두가 하나로 살 때
지상천국이 건설이 되고
지상천국에 사는 자는
천국이 있어 이 천국에 사는 이치를 아는 것이
진리 중 진리이고 우주가 완성되는 것이라

우주는 인간이 우주를 알기에
우주는 인간이 없으면 우주가 의미가 없고
인간이 주인이라
인간이 없으면 소용이 없어라

자기가 사는 것이 도라
자기가 참인 진리로 사는 것이 진리라
있음의 일체가 있음으로 다시 나서
영원불사하는 세상인 나라 사는 것이
진리의 마지막이라

진리의 마지막은
정신 창조가 진리의 마지막이고
진리로 사는 것이 진리의 마지막이라
이 천지의 뜻이란 살아 있는 것이라
천지가 난 곳은 천지 이전 자리라
천지 이전 자리가 만상의 본래라

만상과 본래는 하나이나
그 하나임을 사람이 모른다
사람은 자기 속 갇혀
그 자체가 되지 못하여 알지 못한다
자기가 가진 마음만큼 알고 가르칠 수가 있는 것이라
천지 가진 자가 천지를 가르칠 수가 있고
진리 가진 자가 진리를 가르칠 수가 있는 법이라
하나님 부처님이라야
하나님 부처님을 가르칠 수가 있는 것이라

자기의 마음이 천지 자체인 자
자기의 마음이 진리 자체인 자가
그 자체가 자기라 가르칠 수가 있고
참이라야 참의 이치를 가르칠 수가 있는 것이라
인간이란 아는 것이 아무것도 없는 것은
진리인 참을 하나도 알지 못한다
자기 속에 바름이 없기에 알지를 못하는 것이라

세상의 이치는
자기의 그릇대로 사는 것이 세상의 이치라
자기의 그릇이란
그 마음이 가진 만큼 산다는 것이라
자기의 마음에 가진 것이 마음먹은 대로
그만큼 세상에서 삶 사는 것이라
그 마음에 거짓 가진 자는 거짓으로 살고
그 마음에 참 가진 자는 참으로 산다
참으로 사는 것만이 참이라
변하지 않고 참 나라에 남아
그대로 존재하는 것이라
이 천지를 다 여읜 자는 이 천지 가지고
자기를 여읜 자는 자기가 살고
죽는 것도 다시 살기 위하여 죽고

다시 난 자가 참인 자라

참은 영원불변의 진리인
우주 이전의 삼라만상의 근원이자 어버이라
그 자체로 다시 나
신인 영원불변의 에너지이고 빛이라
사는 것이라
삼라만상은 자기라는 틀이 없으나
인간만이 자기라는 틀을 가지고 살아서
자기가 죽어 있는 것이라
삶 죽음이 하나인 이치는
나 속에 영원불변의 에너지와 빛 가진 자는
그 자체가 진리라 죽음이 없는 것이라
죽었다는 것은
에너지와 빛이 없는 자가 죽은 자라
죽은 자는 그 망념이 참이 아니라 죽은 것이라
그 망념이 허이라 무덤인 것이라
무덤에 갇혀 죽어 있는 것이라

에너지와 빛 가진 자는
진리인 신이라 살아 있는 것이라
그 자체로 다시 난 자는 그 모양이 진리라 산다

원래 가장 크시고 지고하신 하나님 부처님은
이 세상을 다 살게 하셨으나
인간이 죽어 있어 하나님 부처님 뜻을 모른다

이 천지는 그대로 진리나라이고
이 천지는 그냥 있으나
사람이 그 의식인 마음이 죽어 있어
보고도 세상을 가지지 못하여 그 이치를 모른다
세상 따로 자기 따로 만상 따로
자기중심으로 살아서라
의식이 가장 지고하고 클 때
그 하나님 부처님 자체로 되돌아간 자가
세상의 이치를 안다
이 천지는 살아 있고
이 천지 창조주도 살아계시고
살아 있기에 살아 있는 만상이 있어라
살고 죽고는 자기의 관념 관습으로부터 벗어나서
본래 존재하는 신의 관념으로 다시 나는 자가
그 마음이 신이라
그 마음이 정과 신이라 죽음이 없다

한얼님으로 다시 난 자는 정신 차린 자라

정신 차린 자는 죽음이 없고
그 정신으로 영원히 사는 것이라
그 정신 나라가 이 세상의 일체라
그 정신 나라가 과거 미래도 다 살아 있고
그 정신 나라에서 영원 영원히 사람이 산다는 이치는
정신으로 난 자만이 알 수가 있고
정신 나라 가진 자만이 알 수가 있다
이 세상의 이치를 지고하고 가장 큰
정신 차린 자가 알 수가 있고 아는 것이라
무한대의 세상 가진 자는 그 자체가 하나의 나라이고
그것이 자기 속에 모두가 있어라
있다는 것은 가진 것이라
가진 것이란 자기 것이라
자기 것이란 그 자체라
그 자체란 산 것이라
산 것은 모두가 살아 있어 산 것이라

자기의 허된 마음 가진 자는
허된 망념 속 살다가 죽고 말고
참마음 가진 자는 참이라 죽음이 없고
참인 나라에서 영원 영원히 사는 것이라

인류가 있고 진리에 관하여
수만 가지의 수많은 이야기를 하여 왔으나
사람은 그 뜻을 모르고
그것의 바른 이치도 알지 못하여
세상에 있는 모든 이가 이 이치를 알고
그 삶을 사는 때가 이 시절이라
이때도 사람들은 무덤에서 모두가 죽어 있으나
죽은 사실도 모르고
부활하라고 하여도
죽은 자체로 고집을 부리고 죽어 있구나

영생의 신이요 부활의 신이요 생명의 신이요
이 신도 산 자의 신이지 죽은 자에게는 신이 없어라
산 자만이 신을 알고
산 자만이 신 되고
산 자만이 신의 삶 살고
산 자는 죽은 자를 살리려고 애쓰고 있구나

사람들아 살고 죽고의 백보좌에 계시는
하나님이 너희를 심판하는 때가 지금이라
너 속의 하나님이 산 자는
하나님으로부터 그 음성을 듣고

산 이치를 아는 것이라
세상은 사람 속에 하나님이 있다고 말은 하나
그 하나님이 자기임 모르고
그 하나님이 마귀의 권세에 가로막혀 묻혀 있으니
그 하나님이 산 자는 살아서 영생천국 산다
그 하나님의 음성을 들을 때가 지금이라
지금의 시절을 알고 사는 자가
하나님의 음성을 듣는 자가
세상에서 가장 지고하고 큰 자라
인류의 모두가 하나가 되자
인류의 모두가 하나 나라 되자
종교 너머의 초종교라야
모두가 하나인 나라에서 만날 수가 있고
살 수가 있는 것이라

모두가 꿈 깨어 무덤에서 나와
우리 함께 새 천국 건설하자
이 천국은 살아서
이 천지가 천국이 아닌 자가 가질 수가 없고
이 천지에 이루어져야
저 세상도 이 천지가 사람 속에 있는 것이라
사람들아 살자 영원히 살자

마음을 고쳐먹고
마음속에 부처님 하나님 모시고
하나님 부처님 나라 가져 천국 건설하자

아가야

아가야 가자 하늘나라 가자
아가야 울지 말고 가자
아가야 철없이 굴지 말고 가자
아가야 고집 부리지 말고 가자
아가야 똥고집 부리지 말고 가자
아가야 사탕 줄게 가자
아가야 뚜루루루루 가자
아가야 장난감 사줄게 가자
아가야 죽으니까 가자
아가야 이것 봐라 이것 봐라 가자
아가야 도리도리 짝짜꿍 가자
아가야 젖 줄게 가자
아가야 밥 먹어라 먹고 가자
아가야 장난감 가지고 가자
아가야 말 좀 들어라 가자
아가야 곶감 줄게 가자
아가야 너무 좋은 곳이니 가자

아가야 영생천국이니 가자

아가야 그냥 그대로 사니 가자

본래

구름 한 점이 없구나
하늘은 맑디맑구나
푸르다 못하여 검게 보이누나
하늘의 참뜻을 알겠구나
인간이 하늘이고 인간이 하늘 가졌구나
일체가 없고 참만 있어라
하늘은 역시 말이 없구나
하늘은 그냥 있구나
지혜의 신이라는 것도
아는 바가 없으나
그 지혜 가지니
모를 것이 없구나

본마음

잘 가라 잘 있어라
아쉬운 인사를 하면서
다칠까봐 걱정이 되누나
하늘의 마음이 천심이라 천심은 순리라
그냥 있는 마음이고 그대로 있는 마음이고
살아 있는 마음이고
산 마음이고 신명의 마음이라
신명이란 살아 있는 진리라
신명이 난 자는 성부 성령으로 난 자라
신명으로 난 자는 신명 삶 산다
창조주란 신명 자체라
창조주란 천지만상의 주인이라
만상을 살게 하고 만상을 내고
만상을 다시 살린다

인간 완성인 진리의 참나를 찾아 되게 하는 데 팔 년이 걸렸다

사람은 제각기 자기가 아는 만큼 이야기하고 자기가 아는 만큼 보고 듣는다. 또 가르친다.

나는 입시학원을 하면서 내가 세상 사람에게 이 마음공부를 가르쳐야 된다는 운명에 놓인 것을 알게 되었다. 나는 이때 이 세상 살면서도 누구의 도움도 없이 자수성가한 터라 앞으로는 좀 여생을 편히 지내리라고 생각을 하고 있었다.

내 마흔다섯에 이 일을 해야 한다고 했을 때 나는 두려움이 앞섰다. 한번도 이것을 내가 해야 한다는 생각을 해본 적이 없고 몇 년 돈을 더 벌어 큰 건물에 학원을 만들고는 나는 산속에 초가집에 물이 흐르는 곳에 채소밭이 하나 있는 곳에서 그냥 도나 한번 닦아 보리라고 생각을 해왔었다.

내가 이 진리를 가르쳐야 한다는 운명에 나는 하루에 한 시간 또는 두서너 시간 잠을 자고 열심히 공부를 했다.

1996년 입시학원을 하면서 <천안통 천이통> 책을 펴냈는데 그 책을 보고 많은 사람들이 나를 찾아왔었다. 그 사람들에게 집에서 공부하도록 공부하는 방법을 가르쳐주었으나 백여 명이나 되는 가운데 한 사람도 이룬 자가 없었다. 그래서 1996년 11월 나는 학원을 하면서 처음으로 문경 선유동에 민박집을 얻어 공부를 시켰다.

첫 과정을 마치니 열 명 중 아홉 명이 마음자리를 알게 되어 우리는 즐거운 파티를 했었다. 모두가 기분이 좋게 헤어졌다. 그때부터 한 달에 한 번 이 공부를 시켰다. 조금 지나 한 달에 두 번 하게 되었고 그 다음부터는 매주 하게 되었다.

내가 그 당시에 진리이어서 나의 영혼이 진리나라에 났었던 것이다. 1996년 나는 진리이고 진리 된 영혼이 이미 완성이 되었기에 더 닦을 필요가 없었다. 그리고 내가 진리라 진리를 가르쳐야 한다는 운명에 놓이게 되었다. 사람을 가르치려니 진리로 가는 방법이 필요하여 나는 사람의 입장에서 열심히 공부를 하여 보았다.

팔 년 전 그때를 지금 생각해 보니 학교로 치면 유아원에 입학했던 단계였다.

첫째 공부를 한 자들이 그 다음에 또 찾아와서 공부를 하길래 나는 그 사람의 입장에서 열심히 공부를 해보았다. 둘째 단계에 마음이 없다는 것을 깨치는 단계를 나는 가르쳐주었다.

둘째 단계를 공부한 자들이 죽으면 아무것도 없다는 이야기를 하기에 유정을 모른다고 생각하여 셋째는 자기를 다 버려 자기 속에 진리가 있음을 가르쳤다. 넷째 단계는 자기 속에 정과 신이 있음을 가르쳤다. 다섯째 여섯째 단계는 우주 전체가 정신 자체라는 것을 알게 하고 천국이 여기임을 알게 했다. 일곱 번째 여덟 번째는 자기 자체가 본래의 정신 자체가 되고 천국에서 이미 나서 영원히 사는 방법을 가르쳐주었다.

진리로 가는 방법을 아는 것도 내가 그 진리로 가는 방법을 깨쳐야 하는 것이다. 그럴려니 나는 사람의 입장에서 끊임없이 공부했다. 그것이 천국 가는 열쇠이고 내가 할 일이었다.

그 세월이 팔 년이 지났다. 그래서 칠팔 단계로 완전한 진리가 되는 방법을 다 이룬 것이다. 흔히들 사람들이 나는 왜 잘 죽지 않느냐고 질문을 많이 한다. 그럴 때마다 나는 마음공부를 몇 년 했느냐고 묻는다. 또 나는 그렇게 해서 되는 것이 아니라고 한다.

요즈음 계룡산에서 마음수련을 하여 이 공부를 하는 사람들은 백여 일 남짓하여 과정을 마치지만 나는 8년 동안 24시간 365일 동안, 다시 말하면 8 곱하기 24 곱하기 365일 이 공부를 해서 진리로 가는 방법을 깨쳤다고 이야기해 준다.

이 공부의 마지막은 나를 다 버리고 본래 자체가 되는 것이다. 자기가 있으면 궁금하고 의문 의심이 있다. 또 번뇌 망상이 있다. 자기가 없으면 이 일체가 없어지는 것이다.

마음수련 방법은 자기의 마음 몸을 다 버려 본래의 마음 몸으로 다시 나지 않고는 자기 속 갇힌 자는 항시 답답한 것이다. 의문 의심이 있고 마음이 왔다갔다하는 것이다.

팔 년 동안 나는 사람에게 방법을 가르치려고 하니 그 방법을 깨쳐야 하니 일순간도 놓지 않고 나를 다 버리고 또 버렸다. 팔 년 동안 나는 나를 다 버리는 데, 사람이 다 죽어 보는 데 치열한 나와의 싸움을 한 것 같다. 그래서 인간이 완성되는 것은 자기의 이마에 생각뭉치가 없어지고 진리인 창조주이신 대우주의 신이 생각뭉치에 임하는 것이 죄 사함을 다한, 더 닦을 것이 없는 완성자라는 것을 알았다.

학원을 경영할 때도 보면 유능한 선생은 어려운 문제를 쉽게 상대에게 전달해 줄 수 있어야 하고 시험 문제에 적중률이 높아야 한다고 나는 강사들에게 가르쳐왔다. 그 어려운 진리 문제를 내가 그렇게 해야 될 과제였다.

칠팔 단계까지 사람을 데리고 오는 데는 나는 매 단계마다 이번만 하면 다 된다고 방편으로 사람들에게 이야기했다. 사람들은 도를 끝까지 할 끈기를 가진 자가 보이지 않아서 방편으로 한 말이다. 그저 자기의 하나의 액세서리로 진리 얻으려고 했고 자기가 잘났다는 뜻으로 이 자리를 얻으려고 했고 도를 하면 무엇을 하여 날아다니고 남의 기세나 제압하는 줄 알고 있기에 나는 사람의 눈에는 보이지 않는, 형체가 없는 진리를 가르치는 데에는 사람의 기대하는 마음에 충족히 못한 것 같다.

나는 이 공부의 방법을 밝히는 과정에는 많은 사람이, 끝까지 못하고 간 자들도 다시 열심히 했으면 하는 마음뿐이다. 진리로 가는 방법이 또한 천국에 가는 열쇠인 것이다.

세미나에서나 일반 사람들이 모두가 어떻게 도를 이루었느냐고 궁금히 생각하는 사람들이 많다. 석가모니 부처님이 6년간 보리수나무 밑에서 깨친 도를 당신은 어떻게 깨쳤느냐고 시애틀에 KOAM-TV에서 아나운서가 끈질기게 방송 도중 내게 물었다. 나는 팔 년 동안 가르치면서 사람이 모르는 것, 다시 말하면 완성으로 가는 방법을 깨쳐서 알게 되었다고 했다.

우리 공부는 나라는 존재를 나 속서 일체 다 지우고 원래 존재하는 진리 자체가 되게 하는 것이니 업습을 버리고 신 자체가 되는 공부다.

사람이 살고 죽고는 자기의 마음에 달려 있고 살아 죽지 않는 자가 살 자가 없는 것이다.

팔 년 동안 나는 쉼 없이 공부하여 인간 완성의 방법을, 다시 말하면 진리로 가는 방법을 알았다. 또 진리가 되게 했다.

나는 팔 년 동안 사람 입장에서 공부를 하였으며 사람이 모르는 진리에 관한 수많은 것을 다 알게 되었다. 나의 완성된 부활된 정신의 뜻과 일치하는 데 팔 년이 걸렸다.

인간 완성은 창조주이신 대우주의 신이 생각뭉치에 하나로 임해야 완성된다.

팔 년 전에는 나는 깨침이 하나도 없이 그냥 알았던 것이고 그 후 팔 년 동안 수만 가지를 깨쳐 가르쳤다. 진리는 아는 것이 아닌 깨침이라야 참이다. 이것이 이 우주 한때 내가 해야 할 일이었고 인간 완성이 되고 모두가 하나 되어 너의 나라 나의 나라가 없고 너의 종교 나의 종교가 없는 것은 진리인 창조주 절대자인 그 자체인 신의 자식으로 거듭나지 않고는 될 수가 없다. 또 영생, 생사일여, 천극락도 이 자체가 되지 않고는 이룰 수가 없다

나는 누구나 공부를 할 수가 있는, 진리가 되는, 완성된 인간을 이루는 방법을 이렇게 다 이루었다.

번뇌가 일체 없어야 완성된 자다

사람의 번뇌는
그 사람이 가진 마음에서 나는 것이다
그 가진 마음은 마음과 몸이다
인간이 그 망념의 마음과 몸을 가지고는
번뇌가 사라질 수 없다
그 가진 마음에서 생각이 나고
그 생각의 뭉치가 자기의 마음인 것이다
일체의 번뇌가 끊어지는 방법은
자기라는 존재로부터 벗어나지 않고는
번뇌가 있는 것이라
사람이 안다는 것은 번뇌라
그 자체가 끊어진 하나님 부처님의 자리에는
번뇌가 없는 것이라

우리가 한 단계 한 단계 할 때마다
그 순간은 의식이 커져서 안 가지던 큰 마음을 가지니
부족함이 없다고 생각하나

시간이 지남과 동시에 부족함을 느낀다
가장 좁은 자기중심의 협소한 마음에서
한량없는 가장 넓고 크고 높고 낮은 마음으로 커갈 때
우리는 완성이 되는 것이라
일체의 이 세상의 잘못은 나로 인하여 있고
내가 잘못한 것이라
하나님께 감사하는 마음이 있고
하나님과 완전 하나가 된 자는
인간의 마음이 다 사라져
그 생각의 뭉치가 마음에서 나는 것이니
그 마음이 없으니 생각의 뭉치가 없어지고
그 자리에 하나님이 머무는 자가 완성된 자라

하나님이 머무는 자는
빛이신 하나님이 생각뭉치에 난 자는
죄 사함이 끝이 나고
항마한 자인 마귀에 승복받은 자라
이마에 하나님 도장 받은 자라
하나님 부처님은 번뇌가 없고 그냥 존재하시니
번뇌가 일체가 없는 완성된 경지라
인간이 완성되어야 일체의 번뇌가 없다

번뇌란 자기의 마음이 있어 있고
번뇌란 자기의 무지함에서 있고
번뇌란 죽은 자 환인 망념이고
번뇌란 죽은 자의 표상이고
번뇌란 산 자는 없다

산 자는 진리 된 자요
진리가 된 자는
그 진리에는 번뇌가 없고
자기가 진리라 번뇌가 없는 것이다
자기가 있어 번뇌가 있는 것이다
우리의 마음 몸을
하나님 부처님의 몸 마음으로 바꾸어야 한다

이 부처님 하나님의 존재가 무엇인가
이 존재는 창조주이다
이 우주의 창조주는
삼라만상이 있기 이전의 삼라만상의 주인이다
이 존재가 우주 이전의 우주인 허공 자체이다
이 존재도 몸 마음이 있는 것이다
이 몸과 마음이 진리고 영원불변의 에너지와 빛이다
이 자체는 태초 이전에도 있었고

이 세상 이후에도 그대로 존재하는 진리다
마음공부를 하다가
영원히 없애도 없어지지 않는 존재가 이 존재다

이 존재를 사람이 알지 못하고 보지 못하는 것은
사람의 허된 마음에는
이 존재가 보이지도 들리지도 않는다
이 존재가 사람 눈에 보이지 않으니
수많은 종파가 생겨져 있는 것이다
사람의 마음이 이 존재만큼 클 때
이 존재를 훤히 잘 마음으로 볼 수가 있는 것이다
우리가 그 자체가 되지 않고는
그 자체를 볼 수도 알 수 없는 것이다
서울 못 본 자에게 서울을 아무리 이야기해도
서울을 아는 자가 없다
서울에 가보면 알 수가 있는 것이다
이 존재가 되어 다시 부활하는 것은 오로지 죽음이다
자기가 다 죽고 넘어가면
이 존재가 자기가 되어
영원불변의 에너지 빛으로 개체가 다시 나는 것이다

다시 난다는 것은 진리의 생명이 된 것이다

인간은 자기가 묶은 사슬을 스스로 풀어버리고
그 무덤서 나와야 천지의 이치를 알 수가 있는 것이다
인간이 아는 것이 없는 것은
인간에게는 진리가 죄업으로 인하여 없기 때문이다
인간이 아는 것은
자기의 집착된 아상의 마음에서
안다고 하는 것이 인간의 마음이라
이 몸과 마음을 영원불멸의 에너지와 빛인
창조주의 몸 마음으로 바꾸지 않고 살 자가 없다

진리는 아는 것이 아니고 진리 자체가 되는 것이다

이 세상에는 진리를 이야기하는 곳이 수없이 많다
각 종교마다 부르고 있는 존재가
이름은 달라도 하나의 진리를 이야기한 것이다
그 진리의 존재를 이야기한 것은
진리된 존재가 사람으로 나타나서 각 종교를 창시하여
기독교는 예수님이 불교는 석가모니 부처님이 그러하고
수많은 종교가 그러하다
우리가 성경 불경 기타의 경을 이해 못하는 것은
그 자체가 되어 보지 못했기에
자기의 좁은 마음에서는 진리가 이해되지 않는다
진리가 이해되려면
자기가 진리가 되지 않고는 도저히 불가능한 것이다
진리를 그냥 외우면 무슨 소용이 있겠는가
성경 불경을 다 외운들 진리가 되어 있지 않으면
진리인 참 생명이 되어 있지 않기에 죽음이라
진리가 되는 것은 자기의 몸 마음을 닦는 것이고
다른 말로 하면 자기의 죄를 사하는 것이다

자기의 죄란 원죄와 자범죄가 있다
이 죄를 사한 자는 진리와 하나가 되어
살아서 영원불변하는 에너지 빛 자체인 진리가 되어
다시 나서 산다
살아서 영생천국 간 자가
자기 속에 진리인 절대자가 존재하여
죽어도 그 존재라 죽음이 없고 천국에 그냥 산다

자기에 맞는 구세주는 영원히 오지 않는다

미국에서 나는 성직자들이 모인 가운데 설령 재림예수가 하늘에서 구름을 타고 천사들과 함께 내려왔다고 가정해 보자고 했다. 그 재림예수가 천국을 위하여 수고가 많았다고 하면 그들은 예수님을 따르지만 지금 하고 있는 것이 회개도 하지 않고 엉터리로 하나님 믿고 있다고 하면 그 예수를 따를 자가 있겠느냐고 반문했다.

한 분이 조용히 한참 생각하더니 아무도 따를 자가 없다고 했다. 진솔한 이야기다.

이천 년이 지난 지금도 유태인들은 아직도 예수를 믿지 않고 있다. 그들은 아직도 예수는 하나의 선지자요 다른 구세주를 기다리고 있는 것이다. 그들은 그 당시의 유태교의 형식에 매여 예수님의 소리가 들리지 않아서일 것이다. 그 형식 그 틀을 그대로 가지고 있어 그것에 매여 있으면 보이지도 들리지도 않는다.

이처럼 지금의 기독교와 불교 각 종교에서도 그들이 기다리는 구세주는 와도 사람이 알 수가 없다. 자기가 생각하는 그런 틀의 환상적인 구세주는 영원히 있어도 보지 못

할 것이다.

여기저기서 이것이 진리다 저것이 진리다고 하고 있으나 진리는 자기 속에서 찾아야 참인 것이다. 천국도 자기 속에서 찾아야 하는 것이다.

성경은 예언서다. 불경도 예언서다. 이것은 공히 완성을 이루는 하나 되는 세상이 이 땅에서 이루어진다고 이야기한 것이 이루어지는 시대도 있을 것이다.

신약이란 새로운 약속이다. 새로운 약속은 구원자가 온다는 것이다. 불경도 미륵이 온다고 했다.

구원자란 진리로 나게 하는 것일 것이다. 인간은 자기가 닦고 한 것도 없이 구세주가 왔으면 하고 기다린다. 자기가 영생천국이라도 나서 살 수가 있는 양 이야기를 한다.

자, 구원이란 무엇인가.

자기가 사는 것이다.

사는 것은 무엇인가.

진리가 되는 것이다.

진리로 난다는 것은 물과 성령으로 거듭나지 않고는 살자가 아무도 없다는 말은 물은 죄를 씻는 것이고 죄를 씻으면 성령으로 난다는 이야기다.

죄를 물로 씻는 것은 자기의 죄를 씻어내야 성령으로 다시 날 수 있다.

천국은 죄인이 가는 곳이 아닌 창조주인 진리만 사는

곳이다. 사람이 어떤 존재가 와도 죄를 사하지 않고는 살 자가 없다. 심판은 자기 죄를 사하지 못한 자가 심판당할 것이다. 진리가 아니기에 죽는다는 이야기다.

자기의 죄를 사하는 자가 구원이 된다. 회개하는 것이 죄 사함하는 것이다. 하나님 부처님 나라는 진리이신 이 자체가 되지 않고는 날 자가 없다. 자기에 맞는 그런 구세주는 오지 않으니 자기의 마음 닦아 자기 속에 진리이신 창조주를 누구나 모신 자가 구원된 자요 천국 난 자다.

살아서 진리가 되어 있지 않고 영생천국 못 간 자가 죽으면 죽음이다. 이 땅이 천국이 되어야 천국도 있는 것이다. 자기가 없는 자가 신과 하나가 된 자고 산 자다.

제 3 편

이루어지는 때다

이 천지는 그냥 있으나 사람이 천지를 시비하누나 사람이 천지 되어보지 못해서구나 자기의 관점의 천지 보누나 | 정도령 구세주 미륵이란 존재가 나타나면 무엇을 할 것인가 | 인류의 구원 | 믿음의 정의 | 신의 형체와 신의 행 | 언행일치란 | 이루어지는 때다 | 무여열반 구경열반 대반열반의 바른 뜻은 | 화장세계 여래장세계 실상세계란 | 우주는 살아 있는 대영혼이다 | 진리 한얼님 하느님 부처님 알라는 한 분이시고 진리이신 살아 있는 존재다 | 진리를 가진 곳 가야 진리를 이룰 수가 있다 | 형상에서 진리 찾으면 영원히 찾지 못한다 | 창조주만 구원할 수 있다 | 윤회란 | 내 안에 하나님의 성전이 내 안에 부처님의 법당이 있다 | 내 안에 영생천국이 있다 | 사람은 아는 것이 아무것도 없다 | 이마에 하나님의 도장을 받지 않고는 번뇌가 끊기지 않는다 | 기복이 아닌 자들이 이 공부를 한다 | 하나님은 산 자의 하나님이다 | 산 자는 산 자와 죽은 자 알고 죽은 자는 산 자 모른다 | 개벽이란 | 말세란 | 진리가 되어 보지 않고는 진리를 알 수가 없다

이 천지는 그냥 있으나
사람이 천지를 시비하누나
사람이 천지 되어보지 못해서구나
자기의 관점의 천지 보누나

자기의 생각에 천지 보누나
그것으로는 천지 보지 못하고 천지 뜻 모르지
천지는 이미 구원되어 있고 완전하나 인간이 죽어 있다
완전하다는 것은 창조주만 완전하고
그 창조주가 천지를 낼 때
창조주를 닮게 만들어 천지만상은 또 창조주다
우리가 이 우주에는 아무것도 없다고 생각을 해보자
없는 가운데 한 사람만 있다고 생각하여 보자
그 자체가 살아 있는 우주 자체이고 정신이 있는 자리라
사람은 그 자체라 천지 일체도 그 자체라
죽음이 없고 영원히 사는 신이라
이 천지만물은 구원이 되어 있으나
사람만이 그 하나가 되지 못하고 죽어 있는 것이다
그 자체가 되지 못해 죽어 있는 것이다
이 글을 읽는 이도 자기가 살아 있나 죽어 있나
생각해 보면 알 수가 있다

정도령 구세주 미륵이란 존재가 나타나면 무엇을 할 것인가

우리나라에서는 아득한 예로부터
정감록이라는 예언서가 있었다
이 예언서는 정도령이라는 존재가 온다고 예언되어 있다
정도正道란 하나로 그칠 지 자가 정이라
정도란 하나로 그치는 도를 이야기한 것이다
수만 가지가 하나의 도인 진리 속에 속한다는 뜻이다
구세주란 진리가 된 자가 구세주다
미륵이라는 존재도 충만하다는 뜻이고 완전하다는 뜻이다
이 존재는 세상 사람이 완성되면 누구나가 되는 것이다
이 존재는 세상을 하나로 만들고 지상천국을 만들 것이다
모두가 완전한 하나로 다시 태어나서
살아 천극락에 사는 완전한 세계를 만들 것이다
존재의 형체에 있는 것이 아니고
그 정신이 본래의 정신이 된 자이고
의식이 완전하여 세상에 사는 것이 모두가 완전할 것이다
사람의 구원도 사람이 진리 되게 하지 않으면
구원되지 않는다

진리 되게 하는 자들이 구세주다
모두가 나보다 남을 위해 살고
진리인 하나로 구원하고
완전 세계에 살아서 누구나 이 나라에 나게 할 것이다
너와 나의 나라가 없고
종교를 넘어간 초종교로 종교 싸움이 없고 살 것이다
이 세상의 삶의 대안이 완전하여
종교 사상 철학 사회 학문 일체가
완전 대안이 제시될 것이고
너나가 없고 남 못 위해 애쓰는 세상이니
그야말로 지상천국이 될 것이다
사람부터 완성이 되게 하여
완성자는 하늘 일 하고 하늘복 쌓게 할 것이다
진리가 된 자는 누구나 구세주요 정도령이요 미륵이다
또 회개 참회를 하게 하여 모두가 성인이 되게 할 것이고
성인은 모든 사람을 구원할 것이다
현재 믿고 있는 것은
미완성 종교는 진리를 경으로 표현하여
그 진리의 말씀을 읽고 듣는다
이제는 누구나 자기가 진리가 될 수가 있다
진리가 될 수 있는 것은 자기의 회개다
회개가 죄 사함이다

성인이란 자기를 다 버리고
자기의 마음이 만고불변의 진리인
살아 있는 우주의 에너지 빛 자체가 되어 다시 난 자다
죄 사함은 누구나 성인 될 수가 있어
성인은 종교 넘어간 자라
그 경 자체라
자기가 경이 되는 것이라 완성된 자라
종교를 넘어가야 완성이 된다

○ 인류의 구원

인류는 지금 문명이 고도로 발달하였으나
사람의 의식이 망념에 가려 참인 진리이지 않아
진리인 하나님 부처님과의 뜻이 맞지 않아
영생불멸의 천극락의 나라와 거리가 멀다
자기라는 관념이 없는
삼라만상의 일체는 살아 있으나 사람이 죽어 있다
인류의 구원은 모두가
자기의 잘못임을 알고 회개하는 것이다
회개란 뉘우치는 것이고
회개란 자기라는 존재를 다 없애는 것이 완전 회개다
자기가 죄인이라
그 죄업을 다 벗어버리고 다시 나면 구원인 것이다
인류의 구원은 회개다
회개하면 누구나 이 우주의 살아 있는 나라에 날 수가 있다
인간이 살아가는 것은 또 살아 있는 것은
왜 살고 어디로 가는지도 모르고 사니
무거운 고통 짐을 지고 산다

자기가 갈 곳 알고 갈 곳의 나라에 살고
영원한 그 나라에 일하면서 살면 신명이 나는 것이라
모두가 하나라 인간과 인간과의 참 삶을 사는 것이라
인간은 자기 죄를 사하여
완성된 사람이 되는 것이 구원이다

믿음의 정의

믿음이란 마음의 확신이다
마음의 확신은
진리를 믿는 자는 진리가 자기 속에 있음을
마음이 믿어 확신해야 하는 것이다
마음이 믿는 것은
그 마음이 그 자체가 되었을 때 믿는 것이라
어떤 사람이 진리를 자기가 믿느냐고 하니까
믿는다고 했다
내가 마음으로 믿어야 한다고 하니까
마음으로 믿는다고 했다
마음으로 믿고 있는 상대가 어떤 것이냐고 물었다
마음속에 그 상대를 두고 있다고 말했다
진리를 믿는 자는 죄 사함하여 진리가 자기 속 있어야
한다고 나는 말했다
사람들의 믿음은 하나의 상을 자기 속에 만들어놓고
믿는다고 말하고 있다
이것이 우상숭배요 이것이 망념이 망념을 믿는 것이다

진리를 믿는다는 것은
진리 자체가 되어야 참 진리를 믿는 것이다
믿음이란 마음의 확신이다
믿음이란 자기의 마음이 그 자체가 되어
믿어야 믿는 것이다

신의 형체와 신의 행

신이란 이 우주에는 일신밖에 없다
신의 형체는 빛과 같아 물질이 아니다
빛은 존재하듯 신의 형체는 물질이 아니나
빛처럼 존재한다
이 우주에 아니 계신 곳이 없다
신을 보는 자는 자기는 죽는다
자기라는 존재는 죽고
신으로 다시 날 수가 있다
사람이 이 신을 못 보는 것은
자기중심적인 삶을 살아서다
자기의 집착된 마음에 자기 속 갇혀서다
신은 사람이 자기의 죄를 다 사하여
신 된 자만 볼 수가 있다
이 신 된 자란 신만큼 무한대의 큰 의식인 마음을 가질 때
볼 수가 있는 것이라
우리의 마음인 정신을 담은 그릇이 몸이듯
신을 담은 그릇은 무한대의 우주의 허공이다

이것이 창조주이고 이 신과 허공은 하나로 스스로 존재한다
인간이 창조주인 이 신과 하나가 된 자는
신의 순리의 삶 산다
신의 순리의 삶이란 자기가 없어 자유요
죽어 있는 중생을 구원하고
살아 있는 신의 나라에 일하며 산다
신은 살아 있고 신 된 자는 죽음이 없고 영원히 살고
자기가 쌓은 하늘복으로 영원히 산다

언행일치란

열 길 물속은 알아도
한치의 사람의 속은 모른다는 말이 있다
사람의 마음은 자기중심적으로 되어 있어
조석으로 바뀌니 하는 말이다
아침에는 이렇게 한다고 해놓고는
저녁에는 마음이 바뀌는 것은
자기의 참이 없어서이다
우리가 망념이란 망념이 있어 생각이 있는 것이다
그 망념이 시키는 대로 생각이 행하는 것이라
생각이 행하는 것은 바름이 아니라
그것은 말과 행이 다르다
흔히들 사람들은 종교에 입문하여
성직자들이 하는 행이 아니다고 하여
나왔다는 얘기를 많이 한다
언행이 일치가 안 된 것이다
언행일치란 신만이 할 수가 있다
신은 그 마음이 없기에

필요할 때 스스로 행하는 것이다
말과 행이 둘이 아니라
그 자체가 움직이는 것이 그대로 진리라
그렇게 하는 것이라
언행일치란 생각과 행이 둘로 구분되어 있지 않고
그대로 행하는 것이라
자기 속의 망념의 자기가 없어 생각 따로 행 따로가 아닌
행하는 그 자체가 신이라 그대로 행한다
진리 된 자는 행하되 행한 바가 없고
마음 행이 둘이 아닌 것이라
이제는 모두가 그대로 행하는 시대고 이루어지는 시대라
이루어지는 시대란
진리로 살아 실만 남아 그대로 이루어진다는 뜻이라
이루어지는 것은 완성이 되는 것이고 진리가 되는 것이다
언행일치의 완전한 세계가 된다
행만 하는 시대이고 그 행은 실이라 남는 시대다

이루어지는 때다

이루어진다는 것은 되어진다는 뜻이라
되어진다는 뜻은 진리가 되어진다는 뜻이라
진리가 되면 부딪침이 없고 걸림이 없고 막힘이 없으니
하는 행이 진리고 하는 것이 모두가 발라서
바른 것은 모두가 쌓이는 것이라
이 세상의 일체가 바름이 되어
완전하게 하나 나라에 쌓여지니 그 복이 대단한 것이라
이제는 지상 천극락이 이루어지고 이 땅이 천국이요
자기 속서 가진 천국인 이 땅을 가지고
신인 영혼이 영원히 사니
이 세상 저세상이 둘이 아니고 하나인 나라라
이것이 완성의 나라이고 다 이루어지는 시대라
이루어진다는 뜻은 참이 된다는 뜻이라
참이 되어 참으로 사는 것이 이루어지는 것이라

무여열반 구경열반
대반열반의 바른 뜻은

열반이란 죽는 것이다
자기가 죽어서 도를 이룬다는 말이나
자기가 남음이 없이 죽는 것이 무여열반이요
크게 죽는 것이 대반열반인 것이다
나란 존재가 남음이 없이 다 죽으면
진리인 부처님만 남는 것이다
부처님은 우주 이전의 우주인 창조주이시라
자기의 마음속에 가진 수많은 알음알이와
우주라는 그 상과 자기라는 존재마저 다 죽이는 것이
무여열반 대반열반이다

이때에 부처님의 세상인 화장세계 여래장세계
실상세계가 있는 것이다
나란 존재를 부처님께 다 바치는 것이
무여 대반 구경 열반이요
다 바치면 부처님이 나 되어 부처님 나라에
사는 것이 열반이다

생사일여하여 이 땅이 불국토요
불국토에서 영원히 죽음이 없이 사는 것이
자기를 열반시키는 것이다

화장세계 여래장세계 실상세계란

부처님의 나라를 이야기한 것이다
이 세상은 이미 다 깨쳐 있고 모두가 부처님이다
있는 대로 보는 대로 듣는 대로 보지 않고
자기의 망념으로 그 부처님 나라에 들지 못하니
자기가 죽어도 그 부처님 나라에 들어 있지 않고
망념의 나라에 망념이 사니
이것이 지옥이요 윤회인 것이다
이 세상은 이미 깨쳐 있다는 것은
완성이 되어 있고 완전하다는 것이라
이 세계에 들려면
자기의 업습을 모두 버리고 부처님으로 다시 날 때
그 세계를 알 수가 있는 것이라
자기가 부처라는 것은
부처님의 입장에서 볼 때 자기는 이미 깨쳐 있으나
자기는 업으로 그 마음이 깨끗지 못하여
깨친 것 모르고 죽어 있다
그 마음을 닦은 자가 완성된 자요

그 마음을 닦아 가장 크신 부처님이 될 때
영원히 죽음이 없고
살아 있는 부처님의 나라를 이해할 수가 있다

우주는 살아 있는 대영혼이다

이 대우주의 근원인
영원불변하는 진리는 에너지와 빛이라
우주의 에너지와 빛은
영원불변하여 죽음이 없다
그 에너지가 영이요 빛이 신인 것이다
또 혼인 것이다
그 대영혼이 우리의 만상의 원래이다
이 대영혼의 표상이 천지만물이다
그 자체임 모르고 무덤 속서 죽어서
자기 소리만 하고 사는 것이라
진리로 나면 우리도 이 대우주의 영혼 자체라
에너지와 빛인 그 자체가 나라 죽음이 없어라
그 자체만 진리라
그 자체가 되지 않고는 살 자가 없는 것이라
그 자체로 다시 난 자가
영원불변의 에너지와 빛이라 사는 것이라
그 자체가 된 자가

이 완성된 나라에 사는 자가
영생이고 천국인 것이라
사람의 몸은 이 세상서 사는 것이 유한이나
에너지와 빛 자체가 다 된 자는
그 자체가 개체라 죽음이 없다
공부를 한 자들은 안 먹고도
배가 고프지 않다고도 하고
식량食量이 줄었다고도 한다
그것은 에너지가 차서 그러한 것이다
사람이 살아서 진리가 된 자는
살 때와 몸 벗고도 그냥 하나라
그 정신을 가지고 그대로 산다

진리 한얼님 하느님 부처님 알라는 한 분이시고 진리이신 살아 있는 존재다

진리는 살아 있어 천지를 창조하고
진리는 살아 있어 우주의 만상을 낸 것이라
산 것이란 있는 것이고
산 것이란 살아 있는 것이라
진리는 영원불변하는 것이고
태초 이전에도 있었고 세상 이후도 있는 것이라
진리는 살아 있어
진리가 된 자는 사는 것이라
진리가 살아 있어
우주의 만상과 우주의 일체가
진리가 역사한 것이라
우주는 일체 없지만 그 가운데 신이 존재하여 있다
그 자체는 신령스러워 조건인 환경에 그 조화에
천지의 만상이 스스로 나오는 것이라
하나님 부처님의 표상이 삼라만상 일체라
진리인 그 자체의 표상이 있는 일체라
진리는 원래가 있는 일체도 진리이어서

진리나라 살게 하였으나
사람이 진리이지 않아
사람을 그 집착된 망념 버리고
다시 진리로 나게 하는 것이
부활이요 거듭남이요
영생천국 살아 있는 진리라 죽음이 없고
살아 있는 천국나라 산다
진리 자체가 된 자는
살아 있는 진리라 산다

진리를 가진 곳 가야
진리를 이룰 수가 있다

진리란 만고불변의 우주를 창조하신 에너지와 빛이라
진리를 이야기하는 곳은 이 세상에 수없이 많다
각 종교가 그러하고 지금도
그 진리 찾아 수행하는 곳도 수없이 많다
그곳 모두가 그들이 말하는 것만 듣고 있는 편이고
그 자체가 되지 못한다

마음수련원은 허된 마음 닦아서
허된 마음 이전의 진리를 되게 한다
마음수련원은 그 진리가 있어 진리 되게 할 수가 있다
세상의 사람은 자기의 그릇대로 말하고 가르치고 안다
그 자체만이 그 자체를 가르치고
되게 할 수가 있는 법이라

자기의 그릇대로 세상의 사람은 살아간다
자기의 뜻이란 자기의 그릇이라
일체처에 나지 않고는 영원히 살 수가 없는 이치를

사람은 모른다
사람은 의식이 죽어 있어 어느 것이 바른지 알 수가 없다
사람은 죽은 자라 죽은 자는 죽은 사실을 모른다
죽은 자는 판단이 없어 죽어 있다
죄 사함하여 진리로 난다고 이야기하는 곳이
마음수련원이다
진리를 가진 곳이 마음수련원이다

격암유록에 천 마리 닭 중에 봉황이 한 마리 있다고 했고
하늘 나는 새는 사람이 모르기에
도둑과 같이 온다고 성경에는 이야기를 했다
겉으로는 모르기에 하나님은 자기 속에 있다고 이야기했다
영생도 천국도 자기 속에 있는 것이라
자기의 마음이 가장 큰 자가 될 때
신을 다 담는 그 자체가 되는 것이라

공부를 시키다가 보면
자기가 완성이 된다 신이 된다 부처가 된다 하면 좋아하나
가르치는 이가 신이고 부처라고 하면 번뇌를 일으킨다
진리는 진리만이 진리를 낳을 수 있는 것이라
마음수련원은 마음 닦아 진리가 진리 낳는 곳이라
그 사람에게 도를 배우러 가면

그 사람의 도를 배우는 것이라
진리를 가르치면 진리를 배울 수 있고
그 사람이 가령 나는 것을 가지고 있으면 나는 것을 배우고
그 사람이 술術하면 술을 배우는 것이라
그러나 세상에는 진리를 말로 하는 곳은 많지만
진리를 되게 하는 곳을 찾아야 진리가 될 수가 있다

형상에서 진리 찾으면 영원히 찾지 못한다

진리는 만고불변의 살아 있는 존재인 고로
그 존재를 사람이 볼 수가 없는 고로
사람은 자기 상의 진리라는 존재를 가지고 있다
자기가 그리는 이 존재는 영원히 나타나지 않을 것이다
사람은 진리 찾는 것도
자기 관념의 진리를 찾고 있기에
진리를 사람은 모른다
진리는 왜 찾아야 하고 되어야 하느냐 하면
인간이 완성되어 죽지 않고 영원히 살기 위해서다
모든 종교의 궁극적인 것이 이 진리의 이야기이고
이 진리를 책 보고 듣는다
그러나 그 진리는 사람의 눈에 보이지도 들리지도 않아
서로의 견해가 다르다
진리는 자기 속에 있다
자기 속에 있는 자만이 있다
이 말은 진리도 사람의 마음에 가진 자만
가진다는 뜻이다

사람의 마음에 귀신 든 자는 귀신 행 하고
진리 든 자는 진리 행 하고 산다
자기의 마음 닦아 완성이 된다고 하면
그냥 그곳서 닦고 있으면 된다
자기가 결국은 이루어
진리인 하나님 부처님을 찾아야 하는 것이다
자기 속에 있는 진리를
구세주가 나타나서 진리 되게 해준다는 말은
그 방법을 이야기해 주는 것이다
진리가 되는 것은 자기가 하는 것이다
막연한 존재가 나타나서
자기가 구원받는다는 현실성이 없는 것은
그것의 참뜻을 모르기에 인간은 그 망념에 살아가고 있으나
나를 버려 나가 진리가 되어야 하는 것이라
그 마음을 닦아 간 곳이 영생이고 천국이라

창조주만 구원할 수 있다

구원이라고 하면 사는 것이고
구원이라고 하면 진리가 되는 것이다
진리란 영원불변의 존재이고
진리란 살아 있는 것이다
그 창조주인 진리가 세상 나와야
창조주 됨을 가르칠 수 있고
창조주인 진리를 되게 할 수가 있다
인류는 물질적으로는 고도로 발달되어 있으나
보이지 않는 정신면에서는
사람이 보이는 것만 가지고 사니
실인 진리를 모른다
개는 개 새끼를 낳고
소는 소 새끼를 낳고
사자는 사자 새끼를 낳는다
진리라야 진리를 낳을 수가 있는 것이라
사람을 완성시키는 것이 이때까지 안 된 것은
진리가 없어서이고

진리가 없으니 진리가 되지 못한 것이다
진리가 세상 나와야
인간도 완성이 되어 진리가 될 수가 있는 것이라
진리란 진리가 된 자는 모두가
진리인 창조주의 자식이라
창조주가 창조주 되게 하는 지혜 가지고
창조주가 되어야 산다는 것
가르칠 수가 있는 것이라
인간이 완성되는 때이고
인간이 완성되어야
영생불멸할 수가 있는 것이라
인간은 자기의 죄업을 사하여
진리가 되는 것만이
구원이 될 수가 있는 것이라
살고 죽고의 중대한 기로에 있을 때에
죄 사함을 하지 않고
자기를 가지고 한 번밖에 없는 자기를 죽일 것인가
이 세상에서 가장 중요한 것은
세상의 삶의 먹고삶이 아닌
자기가 진리 되어 영원히 사는 것이다
영원히 사는 것은
진리가 되어 진리나라에 살아서 나는 것이다

○ 윤회란

사람이 살다가 죽으면 어떻게 되는가에 대하여
누구나 궁금히 생각하는 것이라
사람이 어젯밤에 꿈을 꾸었다
로맨스의 꿈이든 고통의 꿈이든 간에
이튿날 잠을 깨고 보면 그 꿈은 허인가 실인가
그것은 허인 것이다
그 꿈은 실이 아니다
인생 삶도 창조주의 입장에서 보면
자기의 망념의 삶을 살고 있어
하나의 꿈과 같은 것이라
자기 속에서 돈을 가지고 살고
또 자기중심의 집착된 마음에는
실이 없는 것이라
실은 자기 속 진리인 참을 가질 때
이 세상은 있는 대로 보는 대로
이곳이 불국토요 이곳이 천극락이라
이 땅 이곳서 실인 나라에서 영원히 사는 이치를

망념 든 자는 알 리가 없다
그 집착의 마음은 실이 아니라 허인 고로
그 사람은 죽으면 꿈처럼 허 자체라 죽음이라
그 허가 윤회하는 것이라
자기가 참인 진리가 된 자는
진리라 영원한 세계에서 영원히 산다
어젯밤에 꿈을 꾸듯이
산 삶의 일체가 꿈이 되어 허상이 윤회인 것이다
인생서 살던 대로
허인 그 마음이 꿈처럼 허 자체니
그것은 망상일 따름이다
망상의 천국 지옥도
인간의 망념 속에서는 허이나
실이 된 자는
실의 나라에 실이 살아 참으로 사니
인간은 산 자는 살아서 영생천국 간 자라
듣는 대로 보는 대로 있는 대로가 진리라
이 세상 저세상이 둘이 아니라
윤회란 꿈과 같은 것이라

내 안에 하나님의 성전이 내 안에 부처님의 법당이 있다

인간의 마음에는 하나님 부처님이 없는 것이라
인간의 마음은 자기 모양만한 마음만
자기중심적인 집착된 망념의 마음만 가득 가지고 있어
하나님 부처님이 없는 것이라
하나님 부처님은
하나님 부처님만큼 큰 마음 가진 자에게 있는 것이라
무한대 우주 이전의 우주만한 마음이 되려면
나가 없어야 하는 것이라
이 세상의 나가 없어도 우주는 그대로 있지 않는가
나가 없으면 진리만 있지 않는가
내가 그 진리가 되어
다시 말하면 무한대의 진리가 되어
무한대 그 자체가 나라
나 속에 진리인 하나님 부처님이
나 속에 있는 것이라
내가 그 자체이니 죽음이 없고
내가 그 진리나라 나서 산다

하나님의 성전이 나 속에
부처님의 법당이 나 속에 있는 자는
나가 그 자체라 일체를 알고
일체가 나 속서 알아지는 것이라

내 안에 영생천국이 있다

영생도 진리인 창조주 자체가 되지 않으면
영생이란 없는 것이라
창조주란 진리인 하나 자체가 되지 않으면 영생이 없다
자기 속의 마음에 진리인 신이 임해야 영생이 되는 것이라
자기의 마음을 닦아 진리 자체로 되돌아가서
다시 나야 영생이 되는 것이라
나 자체가 우주의 신 자체로 다시 나니
나 속에 진리인 우주 그 자체가 있어야 영생이고
천국도 진리인 우주 그 자체라
이 우주에는 과거의 세계도 내 안에 있고
미래의 세계도 내 안에 있는 것이라
현재의 세계도 내 안에 있는 것이라
진리나라의 천국은 이 일체다
다 살아 있는 나라라
이 나라는 죽음이 없고 영원불멸하는 진리의 나라라
예수님이 주기도문에

하늘에서 이루어진 것같이
땅에서도 이루어지게 해주십시오는
원래 하늘나라는 완성된 진리나라라
땅에서 이루어지는 것은
인간이 마음에 하늘 땅 다 가질 때 이루어지는 것이다
하나님 나라는 자기라는 존재 너머에 있는 세상이라

사람은 아는 것이 아무것도 없다

사람은 아는 것이 아무것도 없다
이 말은 사람은 자기중심적인 자기 관점에서
이야기할 뿐이지
그것에서는 참이 없다
이 세상 사람의 수효는 수가 없이 많다
수없이 많은 사람마다의 생각이 다 다른 것은
그 마음이 서로 달라서다
그 마음이 각각인 것은 자기의 관념 관습의 소산이다
그래서 자기의 망념의 소리만 할 따름이다
세상 사람이 서로가 부딪치는 것도
자기의 마음이 다르기에 그러하다
진리인 하나인 마음을 가진 자는
이심전심의 하나의 마음이 된다

이마에 하나님의 도장을 받지 않고는 번뇌가 끊기지 않는다

우리가 마음공부를 하다가 보면
한 번 깨칠 때마다 번뇌가 줄어드는 것을 경험한다
한 단계를 넘어서도 번뇌는 줄어들었으나
자기가 완성되지 않는 것을 경험한다
완성이 안 되면 사람이 궁금하고 의문 의심이 있고
자기가 갑갑함을 느낀다
자기가 확 트인 경지
일체의 번뇌가 끊어진 자리는
자기를 죄 사함 다한 자라
그 죄가 자기 속에서 있는 것은 자기가 다 사해야
다시 말하면 집착의 마음 일체가 자기가 있어 있는데
일체를 다 놓은 자 다 이룬 자는
그 생각의 뭉치가 없어져서
생각의 뭉치에 하나님의 도장인
하나님이 임해야 하는 것이라

생각의 뭉치가 없어졌으니 생각이 없고

신이 머물러 지혜이고 다 이룬 자라
이마에 인친 자 산다는 말은
진리인 우주의 에너지 빛으로 화한 자라
다 이룬 자라
죄가 없고 신만 존재하여
번뇌 망상이 다 끊어진 상태이고
하늘나라 나서 영원히 사는 상태다
불교에서 항마한 상태다
마귀에게 완전 항복받은 표시다

기복이 아닌 자들이 이 공부를 한다

각 종교마다 사람들의 믿음이 그 정도가 각각이다
기복하는 자들은 이 공부를 하지 않고
참뜻을 행하려는 자들은
지극히 해보아도 그 뜻이 이루어지지 않으니
마음공부를 하는 것 같다
한 사람이 워싱턴에서 나에게 질문을 하길
교회에서 말하는 죄 사함이나 여기서 하는 것이
같은 것이냐고 질문했다
나는 이렇게 설명했다
죄란 원죄와 자범죄가 있다
원죄란 우리의 조상들도 자기의 중심의 마음을 가지고
살아서 자기 기준의 선이다 악이다를
가지고 살았기에 죄인이었다
아담과 이브가 선악과를 따먹었다는 것은
선이다 악이다를 자기 마음속에 새기니
따먹은 것이 아니냐
다시 말하면 선악과라는 나무가 있는 것이 아니고

도둑질했다면 도둑질했다는 마음이 나 속에 새겨지니
그것이 따먹은 것이다
선이다 악이다가 물질이 아니지만
선이다 악이다가 마음속에 새겨지니
그것이 따먹은 것이다
선이다 악이다의 분별이 있고부터는
인간이 죄가 있게 되었으니
죄인의 자식으로 태어났으니 원죄를 가지고 난 것이라
자범죄란 내가 살아서
나의 고정관념대로 내가 죄를 만들어 사니
이것이 자범죄인 것이다
나의 살았던 산 삶이 자범죄다
나란 존재는 부모로부터 몸 하나 받아가지고
이때까지 살아왔던 산 삶이 나다
그 자체를 하나님에게 다 바치는 것이 죄 사함이라고 했다
죄 사함이란 내가 죄인이니까
나란 존재를 다 버리는 것이 죄 사함이며
회개하는 것이라고 하니 이해를 했다

또 한 사람이 새벽기도를 삼십 년 동안 해도
예수님이 말씀한 대로 행이 안 된다고 했다
또 자존심이 버려지지 않는다고 했다

나는 그 자존심마저 버려야 한다고 하니
나이 많으신 분이
당신은 누구요 당신은 누구요를 여러 번 반복하면서
그것은 예수님만 할 수 있는 것이라고 했다
행이 안 된다는 것도
그 마음이 완전해질 때 행이 되는 것이지
그렇게 행하려고 한다고 되는 것이 아니라고 했다

예수님의 말씀 중에 원수를 사랑하라는 말이 있다
또 왼뺨을 때리거든 오른뺨을 들이대라는 말이 있다
인간마음에서는 할 수가 없는 것이다
하나님만 원수를 사랑할 수가 있다
나의 마음에 하나님을 모신 자는 이렇게 할 수가
있는 것이라
아무튼 이 공부는 참으로 의인이 되려고
각 종교에서 애쓰던 사람들이 하는 것 같다
진리를 이루어 보려고 한 자들이 하는 것 같다

하나님은 산 자의 하나님이다

어떤 성직자가 세미나를 마치고
나에게 와서 조용히 말하길
이 공부 방법을 가르쳐 달라고 이야기를 했다
나는 이 죄 사함의 공부는 자기를 모두 없애는 것이고
자기 혼자는 불가능하다고 이야기를 했다
마음수련회에 가서 공부하라고 하였다
또 그가 왜 하나님을 말하느냐고 했다
진리를 하나님이라 하든
그 이름이 중요한 것이 아니고
또 하나님은 산 자의 하나님이지
죽은 자는 하나님이 없다고 이야기하였다
진리가 진리 된 자의 진리고
진리가 없는 자에게는 진리가 없다고 했다

산 자는 산 자와 죽은 자 알고 죽은 자는 산 자 모른다

산 자란 진리가 된 자라
창조주이신 진리는 살아 있어 창조주 자체라
그 자체가 된 자는 영원불멸의 에너지와 빛 자체이니
죽음이 없는 것이라
무한대의 창조주이신 우주 이전의 우주가 된 자
창조주 자식으로 다시 난 자라
그 자체로 난 자는 죽음이 없어 신 자체라 영원히 산다
산 자는 산 자를 알고 죽은 자를 안다
그러나 죽은 자는 산 자를 모른다
산 자만이 진리 되어 산 것이고
죽은 자는 그 의식이 죽어 있어 산 자 모른다
산 것을 모르고 자기 속에 묶여 있어
그 망념의 죄로 인해 무덤에 갇혀 부활된 자를 모른다
이 말은 신선은 사람 눈에 안 뜨인다는 말이다
도인은 도인이라야 도인을 알 수가 있다는 말이나
하나인 말이라
신선이 사람 눈에 안 뜨이는 것은 신선도 사람이나

그 사람이 신선인지 신선이 아닌지를
사람이 보는 눈이 없다는 뜻이라
신선이 있어도 사람은 모른다는 뜻이라
도인은 도인이 아닌 사람은 도인을 알 수가 없는 것이라
사람은 일체를 보는 것이
자기의 관점에서 보기에 그러한 것이라
자기가 판단하기에 그러한 것이라
자기 틀에서만 볼 수 있기에 그러한 것이라
자기 모양에 자기의 마음 가진 만큼
볼 수 있기에 그러한 것이라
사람은 마음의 크기만큼만 보고 이야기할 수가 있다
인간 완성되어 영생 천극락 난 자는
나 봐야 난 것 알고 난 자 안다

개벽이란

나는 어릴 때 천지개벽이 된다는 이야기를
어른들께 듣고 살았다
그때 천지가 다 뒤집어지는 줄 알고
그 뜻을 그렇게 알고 자랐다
어린아이가 분주히 많이 쏘다니고 별나면
개벽장이가 되려고 하느냐고 이야기를 하곤 했다
개開 자는 다시 열릴 개 자이고
벽闢 자도 다시 열릴 벽 자다
개벽이라고 하면 다시 열린다는 뜻이라
천지개벽이라고 하면
천지가 다시 열린다는 뜻이 되겠다
천지개벽이란 천지가 뒤집어지는 것이 아니고
진리가 나오면 모두가 진리로 다시 된다는 뜻이라
이 세상의 천지가 사람의 마음속에 있어지니
그것이 천지가 개벽되는 것이다
천인지가 각각이던 시대가 사람 속에 있는 시대라
정신 차리는 시대라

우주의 정신인 무한대의 천지를
사람 속에 가지는 시대가 천지개벽인 시대라
천인지를 가진 시대는
모두가 성인이 되는 시대이고
이 땅 이곳이 불국토이고 천국인 진리의 세계라
사람의 의식이 완전하여 죽고 삶이 하나임 알고
모두가 천국에 하나로 사는 시대라
정신개벽이 이루어지는
완전한 세상이 이루어진다

말세란

말세란 세상의 종말이라고
많은 사람들이 여러 번 예언하였다
정감록 성경 불경도 여러 종교에서도
말세에 관하여 이야기를 하고 있고
사람들은 이 말세에 관하여 불안해하는 사람도 많다
세상 살기가 힘드는 자도
세상이 뒤집어졌으면 좋겠다고 생각하는 사람도 많다
반드시 자기는 죽지 않는다는 전제에서 그런 생각을 한다
1975년도 한 종교에서는 말세가 온다고 했는데 오지 않아
예언한 자가 자살한 적도 있다
또 어떤 종교는 내외신 기자가 오백 명 모인 가운데
그날 밤 휴거가 된다고 하여 그전부터 난리를 부렸으나
그날 휴거가 되지 않았다
신흥 종교도 이 말세에 관하여 또 천지가 개벽된다고 하여
많은 사람들이 그 사실을 그대로 따라 부응한 것도 많다
이 말세에 관한 이야기는 수십만 가지가 있다
그러나 세상이 망해 없어지는 그런 말세는 오지 않는다

말세란 지금까지 살아왔던 미완성의 삶이 아닌
완전한 삶이 전개되는 것이다
이때에 완전한 세상에 못 드는 자는 말세인 것이다
사람들이 모두가 성인이 되어 의식이 완성이 되니
이 땅이 천극락이고 모두가 삶 죽음이 없고
하늘나라 나서 사니
이것이 지상 천극락이 이루어지는 것이라
사람의 의식이 창조주와 하나가 되어
남을 위하여 삶 사니 이것이 완성된 나라라

우리나라가 정신적 주도국이 되니
우리나라는 진리의 나라요
세계가 너의 나라 나의 나라가 없고
모두가 한마음 되어 사는 때인 것이라
인간도 완성이 되어 너의 종교 나의 종교가 없고
가장 큰 마음 가져 너와 나가 없어 모두가 하나라
모두가 진리라

이 땅에서 생사일여 극락이 이루어지는 때라
이 천지가 흑백황이 없고 서로가 남 위해 사는 때이고
살아 천극락 나서 이 땅 이곳이 천극락임 알고
이 땅 이곳에 영혼으로 영원히 사는 이치 알아

모두가 하늘서 온 신선이요 천사이고 부처님이라
세상의 죽은 사람들을 모두 구원하게 되니
이것이 옛 시대는 가고 새 시대가 열리니
이것이 구시대의 미완성이 말세인 것이다

진리가 되어 보지 않고는 진리를 알 수가 없다

사람은 자기가 아는 만큼 생각하고 말하고 행하고 산다
마음수련 공부를 시키다가 보면
첫 단계를 한 자는 첫 단계의 이야기밖에 하지 못하고
둘째 단계를 한 자는 둘째 단계밖에 못하고
셋째 단계는 셋째밖에 하지 못한다
진리란 존재는 이 세상 전부이어서
내 마음이 이 세상 전부가 되어 보지 않고는
진리를 알 수가 없는 것이라
자기의 의식의 수준만큼 이야기하고 말하고 사는 것이라
깨침도 자기의 의식이 세상의 크기로 갈 때
커진 만큼 깨치는 것이다
마음인 정신의 공부는 자기가 안 된 자는
그 자리에서 자기의 이야기만 하는 것이라
자기의 마음이 무한대 우주 자체가 되지 않고는
진리를 모른다
진리는 무가 아닌 유다
진리의 본래 자리는 일체 없으나

없는 가운데 신이 있어라
무라고 하는 것 자기의 의식이 자기 속에 머문 자라
가장 크고 가장 넓고 가장 높고 낮은
무한대의 진리로 간 자는
유일신을 볼 수가 있는 것이라
진리가 있기에 삼라만상의 일체가
진리의 표상이고 또 진리라
진리가 된 자만 진리를 안다

제 4 편

참사랑이란

다 죽음이란 | 전생도 후생도 인간이 망념 든 자는 환이다 | 천국 지옥도 망념에서는 환이나 실의 나라에서는 환이 아닌 실이다 | 마음수련은 죄인 더러운 마음을 다 닦아 대자유 대해탈 누구나 진리가 되어 자유 삶 산다 | 살아 눈뜬 자는 꿈이 현실과 다르듯 그 망념의 세계는 꿈과 같아 현실과 다르나 산 자는 같다 | 의식이 산 자의 이야기가 죽은 자는 들어도 들리지 않는다 | 성경 불경이 이해가 안 되는 이유 | 나라 탓도 남의 탓도 아닌 모든 것이 나의 탓이다 | 해인삼매란 | 참사랑이란 | 신의 마음이란 여여한 마음이라 | 여여한 마음이란 | 천국과 지옥은 하나이나 그 차이는 | 인간마음은 자기중심인 집착으로 되어 있어 그것이 업습이고 죄다 | 죄인은 천국 갈 수가 없다 | 번뇌란 자기 망념의 환이다 | 허허참이란 | 천국 난 자는 천국 삶 산다 | 미친 자는 미친 것 모른다 | 해인을 받아 백호광명을 받는다는 참뜻은 | 진리는 무엇을 얻으려고 하는 것이 아니다 | 일반 사람 속에는 진리가 없다 | 죄 사함과 마음 닦는다는 것은 하나라 | 마음을 닦지 않으면 안 되는 이유 | 수용을 못하고 자기 것만 맞다고 이야기하는 자는 그릇이 작아서다 | 진리를 믿지 않고 천국 날 자가 없다 | 인류는 모두가 하나로 나서 살 때다 | 모두가 죄 사함하자 | 세상에서 가장 위대하고 세상에서 가장 용기가 있는 것은 | 신을 못 보고 안 된 자는 다시 나지 못한다 | 대지혜

다 죽음이란

다 죽음이란
나의 몸과 마음을 다 없애고 죽여버리는 것이다
이 몸도 나 속에 허된 마음인 우주마저 버렸을 때
참인 진리가 있는 것이다
자기가 다 죽은 자는 다 죽었다는 것 알고
신만 존재함 안다
이 우주에는 일신만 존재한다
그 자체가 되지 않고는 사는 방법이 없다
진리이지 않고는 살 자가 없다
한 번밖에 없는 생을
모두가 다 죽어 진리로 거듭나야 한다
계정혜를 깨쳐야 하고
종교를 넘어서야 완성된 세계가 있다
나의 일체의 알음알이인
종교 사상 철학 학문 관념 관습과
나를 다 없앨 때 다 죽은 것이다
다 죽었다는 증표는 이마에 진리가 임한 자라

전생도 후생도 인간이 망념 든 자는 환이다

인간이 어디서 와서 어디로 가는 것인가
이 문제도 자기가 해결해야 하는 것이라
인간이 지혜가 없어 전생이다 후생이다 하니
그 자체가 자기인 줄 알고
후생에 자기가 사는 줄 아나 허상의 삶이요
허 자체라 죽음밖에 없다
꿈속에서 일생을 호화롭고
또 왕이 되어 천하를 군림하고 살았다고 가정을 하여보자
꿈을 깬 후에 그 꿈은 실인가 허인가
허상일 따름이다
그렇듯 인간의 가진 집착된 마음에는 실이 없어
그 집착된 마음의 환이 꿈이듯
지금 사는 삶도 부처님 하나님의 입장에서 보면
그것이 꿈인 것이다
그 환을 가지고 내생을 살 것이니
그 자체가 꿈과 같다
허인 것이지 실이 아닌 것이라

실이란 있는 대로 보는 대로 듣는 대로가 실이라
그대로 보려면
나의 의식이 무한대의 창조주가 되면
그대로 볼 수가 있는 것이라
전생도 그 환의 마음에 있고
후생도 그 환의 마음에 있는 것이라
지옥고라는 것도 바로 이 마음에 있다
이 일체는 실이 아닌 망념의 환인 꿈과 같아 허인 것이라
실이 아니니 꿈이 허듯 허인 것이라
실은 오직 창조주인 하나님 부처님 자체가 되는 것이고
의식이 가장 높고 가장 넓고 가장 클 때
다시 말하면 그 자체가 될 때
실의 나라 나서 사는 것이라

천국 지옥도 망념에서는 환이나 실의 나라에서는 환이 아닌 실이다

천국 지옥이라는 것도 인간의 망념에 있는 것이라
사람의 마음속에 그 천극락과 지옥이 있는 자는
그 천극락과 지옥이 있는 것이라
자기의 망념이 실이 아니듯
망념의 지옥 천극락이 있는 것이라
이것은 다 지옥이라
하지만 진리가 된 자의 실상세계인 천극락은
영원히 창조주인 존재로 진리 자체라
실이라 그대로 존재하는 세계라
실의 나라에서는 환이 아닌 실이라
실은 있는 그대로라

마음수련은 죄인 더러운 마음을 다 닦아 대자유 대해탈 누구나 진리가 되어 자유 삶 산다

인간이 자기가 있으면
자기 틀 속에 갇혀 자유가 없는 것이라
자유란 자기를 벗어나는 것이라
자기로부터 벗어나는 것은
자기라고 인지되어 있는 그 자기가 없으면
원래의 진리인 하나님 부처님의 원래로 되돌아가는 것이라
자기가 죽어 넘어간 세계라 영생이고 천국이라
원래 존재하는 진리와 하나가 되어야 완전한 것이라
자기가 없으면 해탈이고 자기가 없으면 자유라
자기가 없는 자가 무한대 창조주 자체라
창조주의 마음은 그냥 일체가 없는 공한 마음이고
창조주의 마음은 일체가 끊어진 마음이라
창조주의 마음은 살아 있는 마음이라
일체의 아는 것이 끊어진 번뇌가 없는 자리라
지혜란 진리인 그 자체가 된 자가 참을 알아
지혜라 하는 것이라
지혜란 진리 자체가 될 때 지혜 그 자체라

살아 눈뜬 자는 꿈이 현실과 다르듯
그 망념의 세계는 꿈과 같아
현실과 다르나 산 자는 같다

이 세상의 사는 사람들은
모두가 사는 삶이 자기의 마음대로 산다
자기의 마음대로 산다는 것은
자기의 마음 가진 만큼 산다는 뜻이라
그 말은 자기의 마음먹은 대로 산다는 뜻과 똑같다
자기가 가진 마음만큼 행하고 사는 것이라
사는 모양이 자기의 마음의 표상이라
지금 사는 꼴이 자기의 모양이라
그 속에 귀신 가진 자는
그 망념인 귀신 가지고 살고 그 속에 헤매나
실 가진 자 현실의 삶 살고
산 자는 그냥 그대로 사니 같다

의식이 산 자의 이야기가 죽은 자는 들어도 들리지 않는다

의식이 진리가 된 자가 산 자라
의식이 살았다는 것은
의식이 만고의 진리인 영원불멸의 신 자체가 된 자라
사람은 자기 마음의 크기만큼 듣고 보고 알고 말한다
자기의 의식이 완전치 않아
눈이 있어도 보이지도 귀가 있어도 들리지도 않으나
죽은 자는 못 보고 못 듣는다는 사실조차 모른다
의식이 낮아 그만한 경지에 가지 못해서다

성경 불경이 이해가 안 되는 이유

경은 진리 자리에서 진리를 이야기한 것이라
우리가 성경 불경이 이해가 가지 않는 것은
성경 불경과 같은 마음이 되지 못해서라
신의 입장인 다시 말하면 창조주의 입장에서 말한 것은
그 창조주가 되지 않으면 이해가 안 되는 것이라
창조주는 가장 넓고 가장 크고 가장 낮고 높은
무한대의 창조주의 마음 가질 때 이해가 되는 것인데
사람의 자기의 중심적인 자기의 알음알이에는
마음이 그 죄업에 가려 보이지도 들리지도 않는 것이라
성경에 산상수훈 편에
마음이 깨끗한 자는 하나님을 본다고 되어 있듯이
그 하나님을 알지 못하고 하나님을 이해할 수가 없다
지금은 마음을 깨끗이 닦아 죄 사함 다하여
그 자체의 자식으로 다시 나서 모두가 그 자체가 되니
성인의 말씀이 자기의 말이고 하나임을 훤히 아는 시대라

나라 탓도 남의 탓도 아닌 모든 것이 나의 탓이다

사람들은 일이 잘못되면
자기 탓이 아닌 남의 탓으로 생각한다
모든 원인은 자기라는 존재가 있어 잘못이 있는 것이라
원수라는 요인도 자기의 내면을 성찰하여 보면
자기의 탓이다
나의 탓이란 나가 그 요인을 발생시킨 것이라
일체는 나 속의 마음이 나의 틀에 나의 관념 관습에
맞으면 맞다고 하고 옳다고 한다
이 천지의 잘못은 모두가 자기의 잘못으로 일어난 것이다
자기의 관념 관습이 바르고 옳지 않아
죄인은 자기고 자기가 잘못한 것이다
사람은 자기의 잘못을 모른다
마음 닦는 이에게 5, 6단계를 지난 모든 이에게
누가 죄인이고 누구의 탓이며 누가 잘못을
가장 많이 했느냐고 물으면
모든 이가 자기가 가장 잘못했다고 한다
일반인은 자기는 잘했는데 남이 잘못했다고 생각을 하고

그 한을 자기 속에 넣고 사니 그것이 지옥이고 고통이라
나의 탓이라고 참회하면
나 속에 진리만 남고 원수는 없는 법이라
감사합니다도 나 속에 죄가 없고 진리만 남아
진리에 감사하는 마음이
가장 크고 가장 넓고 가장 낮고 높은 신의 마음이라
이 세상에 사는 이는
부정적인 사람이 있고 긍정적인 사람이 있다
부정적인 자는 자기의 마음이 좁아서라
긍정적인 자는 자기의 마음이 큰 자라
긍정적일 때 세상의 일체가 수용이 되는 것이고
뜻 이룰 수가 있다
나는 진리를 공부하는 사람들도
자기가 없는 자가 낮은 자가 이루는 것을 많이 본다
나의 잘못이고 내가 천지만물께 잘못했습니다
천지신명께 내가 잘못했습니다
이 세상 사람에게 내가 잘못했습니다
조상 부모님께 형제에게 친구에게 자식에게
내가 잘못했습니다 참회한 자는
그 마음에 남음이 없고 진리의 마음만 남아
천지의 죄인이 나요 잘못한 자가 나이다

◯ 해인삼매란

해인삼매란
진리가 된 자의 마음이 번뇌가 없고
진리의 마음인
일체가 끊어진 여여한 마음이 해인삼매라
진리 그 자체의 마음이 삼매라는 뜻이라
진리 자체란
시비 분별이 없고 아는 것이 끊어져
궁금하고 의문 의심이 없어
자기의 마음의 일체가 없어 번뇌가 없고
그 마음이 일체가 없어
진리 자체가 자기의 생각의 뭉치에 임한 자는
항시 여여한 것이라
신이 자기에 임한 자가 참 해인삼매라
다시 말하면 나가 없어지고
신 자체가 된 자가 해인삼매다

참사랑이란

참사랑이란 순수의 사랑이 참사랑이라
사랑에는 조건이 없고
그냥 그대로의 신의 마음만 참사랑이라
사람이 사랑한다 사람이 말하는 것은
참이 아닌 허인 것이라
참사랑은 일체의 분별 시비가 없고
좋다 나쁘다가 없고
항시 그대로 사랑하는 것이 참사랑이라
그것이 대정인 자연의 순리라
신만이 참사랑할 수가 있는 것이라

신의 마음이란 여여한 마음이라

신의 마음이란
그냥 그대로 있으나 있다는 마음조차 없고
시비가 없고 분별이 없고 아는 것이 없고
일체가 끊어진 공의 마음이라
그 자체만이 진리라
해도 한 바가 없고
그냥 스스로 존재하는 마음이 신의 마음이라
일체 아는 것이 없는 것이 신의 마음이나
일체를 다 알아 번뇌가 끊어진 마음이 신의 마음이라
무지한 자가 번뇌가 있다

여여한 마음이란

사람의 마음은
자기의 집착으로 인하여 가진 마음이라
자기중심적인 편협한 마음이라
하나님의 마음은
항시 그대로 영원히 그냥 존재한다
사람도 마음속에 진리의 마음 가진 자는
어떤 경우도 그렇게 여여하여
그냥 그대로 있는 것이라
항시 진리의 마음이라 그대로 있는 것이
여여한 마음이다

천국과 지옥은 하나이나 그 차이는

천국도 지옥도 이 땅 이곳이나
어떤 이는 천국 살고 어떤 이는 지옥 산다
천국 지옥의 차이는
천국은 이 우주 전체를 자기 속에 넣었을 때
창조주와 하나가 된 마음일 때
나 속에 창조주의 진리의 나가 있어
천국이 내 안에 있으니
나 자체가 우주 전체라 이곳이 천국이라
지옥은 나의 망념된 마음에 그 망념이 행하고 사니
그 자체가 죽음이라
의식이 죽어 있고 망념이 망념 따라 살아가니
그곳이 지옥이라
천국 지옥은 하나이나
산 자는 살아 있는 나라 진리의 나라 살고
죽은 자는 그 망념의 환 속서 지옥에 산다
그 환 속에서 좋다 나쁘다가 있고
자기의 틀이 있으니 고苦라 지옥이라

천국은 일체를 수용하고 죽음이 없음 알고
참이 살고 지혜로 사니 고가 없는 것이라
지혜란 신만이 지혜라

인간마음은 자기중심인 집착으로 되어 있어 그것이 업습이고 죄다

인간은 자기가 가진 마음으로 삶 산다
자기중심적이고 자기를 보호하고
자기 이기적인 자기만 알고 산다
자기의 욕심이 있어
생각하는 것이 자기 모양만한 집착된 마음만 가지고 있어
모양의 값을 하고 사니 우리는 꼴값한다고 하는 것이라
그 자체를 우리는 자기 욕심으로 편협된 그 자체만 있으니
우리는 자기 속에 묶여 죽어 있는 것이라
그 죄의 사슬서 우리는 회개하여 벗어나
완전으로 되돌아가야 한다

죄인은 천국 갈 수가 없다

죄인이란 자기의 인간마음 즉
마음을 가진 것이 죄인이다
자기가 가진 집착된 마음을 가지고 있어
죄인이라고 하는 것이다
죄인이란 자기중심적인 마음 가져
그 마음에는 실이 없고 허만 있어
허는 실이 아닌 망념이고 허상이라
그 자체는 죽음 자체인 것이다
이 허된 마음 가진 자는
의식이 죽어 있어 천국 갈 수가 없다
천국은 산 자만 가는 나라다
천국은 영원불변의 진리인
살아 있는 창조주만 사는 나라다

번뇌란 자기 망념의 환이다

번뇌가 있는 것은 자기의 망념인 마음이 있어 있다
번뇌란 자기 망념의 환이다
번뇌는 참이 아닌 허가 있어 번뇌가 있는 것이다

허허참이란

허허가 있고 참이 나온다는 이야기다
허가 있고 또 허가 있고 참이 있다는 것이다
참이란 마지막에 난다는 것이라

천국 난 자는 천국 삶 산다

천국은 살아서 자기 속에 있어야 천국이 있는 것이라
천국 난 자란 창조주와 하나가 된 자라
자기가 없고 살아 있는 창조주와 하나가 된 자라
창조주의 나라는 하나의 나라이고
창조주의 나라는 진리의 나라라
개체 전체가 하나 자체라
개체 속 전체가 전체 속 개체가 있는 나라라
창조주의 나라는 창조주가 된 자만 사는 나라라
창조주는 살아 있는 나라라
창조주의 나라는 영원불멸의 나라라
사람의 마음이 가장 넓은 자가 사는 나라라
창조주의 마음은 일체가 없으나
일체를 나타내는 전지전능함이 있어라
창조주는 살아 있어 사람을 모두 살린다
천국은 창조주가 된 자가 살 곳이고
천국은 영원히 사는 나라라
성경에 보면 땅에 난 자는 땅에 살고

하늘 난 자는 하늘에 산다고 했다
하늘 난 자는 하늘에 복을 쌓아야 한다
이 세상에 쌓는 재물은 아무런 뜻과 의미가 없어라
하늘 난 자는 하늘에 영원히 사는 나라에
복을 쌓으면 영원히 자기 것이라
산 자는 하늘나라에 재물을 쌓고
죽은 자는 땅에다가 재물을 쌓는다
어리석은 자는 땅에다 재물을 쌓고
지혜로운 자는 하늘에 쌓는다는 성경의 말과 하나이다
하늘에 쌓아 놓으면 영원히 자기 것이 되고
그 복으로 사는 것이라
그 복으로 자기 것이 되는 것이라
천국의 열쇠를 줄 테니 너희가 하늘의 권세를
가져라는 말은
하늘에 자기의 것을 자기가 만들라는 이야기다
인간은 흔히 권세라고 하면 자기가 군림하는 줄 아나
자기가 쌓아 놓아야 자기 것이고 자기 것이 되는 것이라

미친 자는 미친 것 모른다

세상을 살아가는 사람들은
자기의 망념에 살아가고 있으니
그 고통이 한량없는 것이라
망념이 시키는 대로 삶을 사는 것은
그 망념에 만족이 없는 것이라

중얼중얼거리는 또 망념의 소리를 하는 사람을 보고
우리는 그 사람을 미쳤다고 한다
그냥 있으면 안 미친 줄 아나
그 망념의 노예자는 다 미친 것이라
미친 자에게 너는 미쳤다고 하면
그 사람은 너가 미쳤다고 한다
그 망념 속에 사는 자는 모두가 미친 자라
그 망념의 노예라
이것이 마귀이고 마구니라
미친 자는 미친 것 모르고
정신 차린 자는 미친 것 안다

사람 모두가 제정신이 아니나
자기가 제정신 아님 모른다

해인을 받아 백호광명을 받는다는 참뜻은

이 우주도 몸과 마음이 있는 것이라
천지만물은 모두가 이 몸과 마음의 표상이라
이것이 창조주요 이것이 진리요
이것이 하나님이고 부처님이라
우리의 집착된 자기를 버리고
대우주의 몸 마음으로 다시 나는 것이
신의 아들이고 부처님 신선이라
말만 듣던 부처님 신선 신의 아들이
사람들이 이루어지는 때라
사람은 자기가 없고 넘어간 나라가
천국이고 영생의 나라라
이 우주의 창조주는 살아계셔서
살아 있는 진리이신 창조주의 몸 마음으로 거듭난 자가
영생불멸의 에너지와 빛이 되어
영생불사하는 실상세계에서 사는 것이라
자기에 묶인 자기를 완전히 벗어던진 자는
진리의 몸으로 다시 나고

자기 속에 망념의 마음이 다 끊어진 자는
생각의 뭉치에 빛이신 신이 거해야 완성된 자이고
다 이룬 자는 이 마음에 하나님 부처님이 거한 자라
이것이 하나님의 도장이고
이것이 진리가 된 자고 완성된 자라

진리는 무엇을 얻으려고 하는 것이 아니다

사람들은 진리를 찾는 이유를 보면
자기의 부족한 면을 그 진리로 채워
자기가 잘났다 함을 과시하기 위해서 하는 사람도 있고
진리 자체가 되면 병도 고치고
날아다니고 도술 부리는 줄 착각하여 공부하는 이가 많다
무엇을 자기 마음에 도의 상을 가지고 하는 자는
그 바람이 진리와는 거리가 멀어
이루지 못하는 것을 많이 본다
도를 한다는 것은 그 목적이 창조주인
진리가 되기 위해서 하는 것이다
그 진리가 되려면 자기의 가짐의 집착인
일체를 놓아야 하는데
가지려 하니 힘이 드는 것이다
자기의 일체를 버렸을 때
진리만 남아 진리가 자기가 되는 것이라
진리로 다시 나는 것이 마음 닦는 공부라
사람은 아프면 병원에 가고

사람은 사람이라
있는 대로 보는 대로 그냥 사는 것이 지혜라
사람이 날아다니는 사람이 있으면
올림픽에 나가면 육상도 구기도 모두 금메달 탈 것이다
세상에서 가장 높이 나는 자는 높이뛰기를 가장 높이
뛰는 자요
가장 멀리 나는 자는 넓이뛰기를 가장 많이 하는 자다
세상에서 참 기적이란 일체가 살아 있는 것이고
세상의 일체는 그 모양에 산다
그 모양에 행하고 산다
새는 날개가 있어 날아다니나 사람은 날지 못한다
인간의 망념에는 사람이 난다고 생각하고 사나
그런 것은 없다
마술사는 눈속임으로 없는 것도 만들어내나
인간은 인간이고 동물은 동물이고 새는 새라
그 범위에서 살아가고 그 모양에 삶을 아는 것도
진리 된 자만 안다
사람의 병도 상대의 믿음이 전제가 되어야 하고
스스로 마음 닦아 없애야 완치할 수가 있는 것이라

일반 사람 속에는 진리가 없다

사람은 자기라는 마음이 있어 그 마음에는 진리가 없다
그 자기라는 마음 자기에 집착된 마음이고
그 자기라는 마음은 허의 나를 형성하여 있기에
또 그 형성됨이 겹겹이 꺼풀이 너무 많기에
사람은 진리라는 것이 없다
자기 위주의 원죄와 자범죄로
사람은 자기라는 자기만한 마음을 가지고 살기에
진리가 없는 것이라
진리는 대자연 자체이니
나를 버려 대자연으로 되돌아감이 진리라

죄 사함과 마음 닦는다는 것은 하나라

마음 닦는다는 것은 더러운 마음을 닦는 것이고
더러운 마음이 죄다
죄란 자유가 없고 묶여 있는 것이 죄다
죄지은 자는 죽는다
죄를 사해야 살 수가 있는 것이라
인간의 죄란 원죄와 자범죄라
나만한 집착의 마귀의 노예가 되어
그 망념인 마귀는 생명이 없어 죽고 마는 것이라
죽는다는 것은 그 자체의 마음은 실이 아닌 허다
허는 생명이 없는 것이라
실만 생명이 있는 것이다
실만이 살 수 있는 것이라
자기의 집착에 묶인 자는 그 집착된 마음속 사니
그것이 죽음이라
모두가 죄업을 닦고 사하여 바른 정신 차려
바로 보고 바로 살 때다

마음을 닦지 않으면 안 되는 이유

마음을 닦지 않으면 죽음이고 마음을 닦으면 삶이다
허인 망상의 노예가 되고 그 속 사는 자는 죽은 자요
자기의 망념 속 살아가고 있으니 죽은 자라
나 속에 진리인 신이 있게 하기 위해 마음을 닦는 것이라
옹졸한 자는 자기중심의 자기 것만 맞다고 하나
더 큰 마음으로 수용하는 마음이 참마음이다
식견이 좁은 사람은 자기가 가지고 있는 조그마한 마음인
그 자체만 알고 있으니 그것만 맞다고 이야기하고
딴 것은 다 이단이고 자기가 하는 것이 진리다 하나
진리는 일체를 다 수용하는 것이라
진리를 사람의 의식으로는 알지 못하고 진리가 되지 못하니
그 진리를 알고 되는 것이 바른 것이라
진리가 되는 것은 자기의 죄를 사하여
가장 크고 가장 넓은 가장 높은 우주의 창조주가 되어야
세상이 완성된다
예수님도 우리를 위하여 십자가에 못 박혀 돌아가신 것은
인간의 죄를 사하는 방법은 진리를 위하여

죽는 것이라고 가르친 것이다
그 지고한 예수님의 뜻으로 행하는 자가 없으니
진리가 안 되니 종파만 생기고
미국의 종파 다른 교회들이 서로 싸움하는 것이
참으로 심각하여
우리나라 사람으로서 부끄럽기 그지없다
예수님의 뜻은 원수를 사랑하여야 되는데
참으로 내가 원수를 사랑할 수 있는지
자기에게 물어봐야 되는 것이라
원수를 사랑하는 자는
남을 욕하지도 자기 것만 맞다고 하지 않는 것이라
진리를 위하여 돌아가신 예수님은 진리로 부활하신 것이라
세상에서 제일 중요한 자기의 목숨까지 바쳐서
가르치신 예수님처럼
우리도 진리에 산제사를 지내어 진리가 되어
진리로 거듭나야 하는 것이라
모두가 진리가 되면 너나가 없고 너 종파 나 종파가 없고
예수님의 뜻대로
너희는 하나가 되라는 말씀이 실현될 것이다
예수님이 우리를 위해 십자가에 못 박혀 돌아가신 것을
믿으면 우리는 천국 간다는 이야기도
예수님을 믿는다는 것은

예수님처럼 우리도 십자가에 못 박혀
돌아가봐야 우리를 위함 알고
우리가 진리이신 하나님이신 예수님이 나 속에 계셔서
내 마음이 믿어야 또 인정해야 예수님을 바로 믿는 것이라
주여 주여 하는 자마다 천국에 가는 것이 아니고
진실로 진실로 믿는 자만 천국 가는 것이라
진실로 진실로 믿는 자는 나 속에 하나님을 모신 자라
나가 하나님 자체가 된 자라
나가 하나님의 자식으로 난 자라
성부와 성령과 성자는 하나라는 뜻은
진리의 원래가 성부 성령 성자라
성부 성령으로 거듭난 자라
성부 성령 성자는 그냥 하나라
불교에서 이야기하는 법신불 보신불 화신불이
하나라는 말과 하나인 것이라
모두가 자기의 잘못임 알고
자기 탓임 알고
자기의 죄를 사해
살아 있을 때에 영생천국 갈 때다

수용을 못하고 자기 것만 맞다고 이야기하는 자는 그릇이 작아서다

사람이 편협된 자기중심의 그 자체만 보고 아니
그것은 하나의 자기의 우김이고 자기의 편협된 마음이라
진리의 마음은 항시 우리라는 의식으로 되어 있어
진리가 된 자는 일체를 수용하는 것이라
일체를 그것은 그것으로 보고 수용한다
키가 작은 이가 키의 콤플렉스에
그 이야기와 행동을 하듯이
앎이 없는 자가 자기의 경험한 것만 가지고 이야기한다

진리를 믿지 않고 천국 날 자가 없다

기독교에서는
예수를 믿지 않으면 천국에 못 간다고 한다
지당한 말이다
이 말의 참뜻은
자기 속에 진리이신 하나님이 자기 속에 있을 때에
천국에 간다는 이야기나
이 참뜻은 어디 가고
그냥 망념의 자기 속에서 예수를 두고
입으로 말만 믿고
진실로 진실로는 믿지 않고 있다
진실로 진실로 믿는 것은
죄 사함을 하여 자기가 없고
창조주 자체인 진리가 되어야
자기 마음이 믿고 확신하는 것이다
믿음이란 마음의 확신이고
믿음이란 그 자체가 되는 것이다
예수님을 믿는 것은 예수님과 하나가 되는 것이고

망념의 믿음을 믿음으로 착각하는 이들은
참 믿음은 내 마음의 확신이다
마음의 확신은 깨침이고
믿음의 대상을 보고 알 때다
번뇌 망상이 있는 것은 무지해서이고 죄가 있어이다
예수를 믿는 것은 예수가 되는 것이라
진리인 하나님인 예수가 되지 않고 천국 날 자가 없다
이 자체가 영원불변의 우주의 에너지 빛이라
그 자체가 되지 않고는 살 자가 없다

인류는 모두가 하나로 나서 살 때다

인간이 완성되고
인간이 너의 나라 나의 나라가 없고
하나가 되는 것은
모두가 자기 탓임을 알고
자기를 버리는 것이라
자기가 없으면
모두가 진리로 거듭나서
모두가 진리의 자식이라
하나인 마음이라
하나로 사는 것이라
종교에 글 속에 매여 있지 않고
진리 자체가 되니
종교를 넘어간 것이라
종교 너머의 완성된 자리라야
인류는 하나가 되고
너 종교 나의 종교가 없이 하나로 종교 전쟁이 없고
모두가 하나인 나라

서로를 못 도와 애쓰는 나라가 될 것이다
교민회의 간부인 어떤 사람이 나에게 하소연하길
교민이 십만 명이 넘는데 오십 명도 안 나온다고 했다
종교가 없으면 우리나라 사람들이 마음을 털어놓고
벽이 없이 이야기를 할 텐데
종교 때문에 서로가 마음의 문이 닫혀
경계하고 산다고 이야기했다
나의 잘못임을 알고
내가 가진 거짓도 나의 마음을 버리면
참이 되어야 참 행을 하고
참이 되어야 지혜가 있어
부질없는 욕심을 부리지 않는다
남을 위해 사니 도둑이 없고 강도가 없고
모두가 하나로 사니 인간이 대정인 순리로 살아
모두가 진리로 나니 죽고 살고가 하나이고
영원히 이 땅이 천국이 되니
그 천국나라에 진리의 뜻대로 안 할 자가 어디 있겠는가

모두가 죄 사함하자

말속에 수천 년 동안 묶여 살았지만
그 모양이 그 모양이고 이룬 것이 없고
성인들의 참뜻은 어디로 가고
부질없는 망념 속서 살구나
성인 말씀은 듣고 말하고 외우는 것이 아닌
성인이 되어야 하고
성인이 되어 인류를 구원하는 것이라
성인의 가르침은
모두가 자기의 죄를 사하여 성인이 되라고 했지만
사람은 그 참뜻 모르고 살구나

지상천국이 있어야 저 세상도 천국이 있는 것이라
이 땅서 하늘 나지 못한 자는
저 세상에서도 죽어 있는 것이라
이 세상과 저세상은 둘이 아닌 하나라
진리가 된 자는 그냥 하나이고
진리가 된 자는 그냥 그 나라 산다

자기의 죄를 다 사한 자는 영원히 사는 것이다
영생불사하는 것이다
이 땅에서 하늘 난 자는
하늘나라 일하고 사는 것이라
그것이 참이라
하늘나라에 복이 쌓여 있는 것이라
참으로 쌓아야 참이 있는 것이라
천복 쌓은 만큼 가지고
하늘나라 영원히 그 복으로 산다
사람은 자기가 쌓은 복도 없이
그저 자기의 욕심으로 자기에게 주라고만 하고 사나
또 달라고만 하고 사나
그것은 망념의 복만 쌓고 있는 것이다

사람의 마음인 의식이 커진 만큼
또 깨친 만큼 알고 행한다
사람은 자기의 의식이 자기라는
망념의 마음에서 묶여 있기에
지혜가 없고 알지 못한다
자기의 마음이 비워질 때 깨침이 있는 것이라
깨침은 활연대오하는 것이 아니고
그 마음이 깨끗하고 커진 만큼 깨쳐지는 것이다

진리는 진리라야 진리를 가르칠 수가 있다
이 세상의 사람들은
진리를 물으면
나는 아직 아는 사람을 보지 못했다
사람들에게 진리가 무엇이냐고 물어보면
진리는 영원불변하는 것이라고까지는 아나
영원불변하는 것이 무엇이냐고 물어보면
아는 자가 없다
그 자체가 무엇일까
이 우주에서 한번 생각해 보기로 하자
이 우주는 무한대이고
이 우주는 하늘에 별 달 태양 지구가 있고
지구 속에 만상이 있고 또 사람도 있다
있는 만상의 이것들은 본래가 무엇인가
그것이 무한대 우주 이전의 우주의 허공이다
만상은 이곳에서 와서 이곳으로 가는 것이
자연의 법칙이자 진리의 법칙이다
이곳에서 난 만상은 본래라 그 자체이다
그 자체는 아무것도 없는 것 같으나
천지만상을 다 내고 또 거두는 것이라
이 자체가 만상의 근원이요
모든 종교에서 부르는 창조주라

만상의 본래이고 만상의 어버이고 만상의 근원이라
그 자체가 음과 양이 있어 만상은
몸 마음은 그것의 표상이라
만상은 일체가 다 살아 있으나
인간이 진리를 거역하여 죽어 있는 것이라

이 진리가 세상에 나와야
사람들을 진리로 나게 하고 가르칠 수가 있는 것이라
진리는 진리라야 가르칠 수가 있는 것이지
진리가 아니면 가르칠 수가 없는 것이라
자기의 그릇대로 가르치고
자기의 가진 만큼 가르치고
자기의 앎만큼 가르치고
자기가 진리인 자가
타인도 진리로 나게 할 수가 있는 것이라
이 세상에는 진리에 가기 위해
지금도 수만 가지의 수련 방법이 있으나
또 전하여지는 것이 있으나
되는 곳이 있었으면 그 방법으로
많은 진리가 세상 나왔으리라
그러나 완성된 진리의 방법은 세상에 없었다
그것은 진리의 몫이다

진리는 진리라야 그 방법을 가르칠 수가 있는 것이다
진리가 아니면 진리를 가르친다는 것은 어불성설이다
진리가 되게 하는 것은
진리인 자만이 그 길 있고
진리 된 자만이 진리를 가르칠 수 있다
참 진리라면
진리가 아니라고 해서 진리가 안 되는 것이 아니다
진리가 아니면 아닌 진리를 배울 자가 없다
지금은 의식인 마음이 완성된 자는
진리도 자기가 보고 아는 때라
확인하는 때라
진리를 못 보고 그 자체가 되지 않고선
진리를 알 수가 없는 것이고
진리이지 않은 것이다
누구나 모두가 진리가 되는 때라

세상에서 가장 위대하고
세상에서 가장 용기가 있는 것은

이 세상에서 가장 위대한 것은
수용하는 것이고
이 세상에서 가장 용기가 있는 것은
자기가 잘못했습니다,라고 말할 수 있는 자라
가장 큰 자가 할 수가 있는 것이라
산 자라야 할 수 있는 것이라

신을 못 보고 안 된 자는 다시 나지 못한다

신은 우주의 마음인 정과 신 중의 신이라
신이란 우리의 몸이 있고 정신이 있듯
우주의 그 정신이라
신이란 우리의 의식이라
우주의 의식은 살아 있고
그 의식은 영원불변하고
지혜의 신이라

이 지혜의 신이 안 된 자는
진리로 난 자가 아니라
진리로 난 자가 아니라 죽음이라
우주에 살아 있는 정신으로 다시 난 자는
우주의 정신 자체가 자기라 죽음이 없고
신의 정신으로 영원 영원히 사는 것이라
진리란 빛이라
진리란 그 빛이 존재함으로 영원히 사는 것이라
그 신이 생각하고 아는 것이 지혜라

신을 못 보고 안 된 자는
신이 아니라 진리로 나지 못한다

대지혜

지혜란 인간의 마음에는 지혜가 없어라
지혜란 아는 것이라
지혜란 아는 능력이라
지혜란 사람이 신의 의식 가질 때 지혜가 있는 것이라
지혜란 사람이 신 자체가 될 때 지혜가 있는 것이라
지혜란 천지만물이 살아 있음 알고
지혜란 창조주가 살아 있음 알고
지혜란 창조주가 자체임 알고
나가 창조주와 하나임 알고
나가 창조주의 자식임 알고
지혜란 인간 몸이 없어져도
인간의 정신인 영혼이 창조주와 하나라
창조주 나라에 영원히 삶 살고
있고 없고가 하나임 알고
천국 나서 살아 천국나라에 하늘복 쌓는 것 알고
이 땅과 저 하늘이 둘이 아님 알고
하늘서 왔다가 하늘에 나 있음 알고

지혜란 창조주가 원래 완전하게 창조했음 알고
일체가 하나 자체임 알고
너나가 없고 너의 나라 나의 나라가 없어
모두가 함께 영생복락 삶을 알고
이 세상 태어난 뜻은 사람이 진리 되어 참으로
근심과 걱정 없이 유정으로 영원히 사는 것이
인간의 태어난 목적이고 유정으로 난 것이라
지혜란 모두가 나가 없고
하나인 진리로 다시 나서 영생불사하고
그 나라에 복 쌓고 사는 자가 천복 쌓는 자고
그 복으로 영원히 살아라
진리란 살아 있는 것이고
진리란 산 것이고
그 지혜는 창조주이신 신만 아는 것이라
살아생전 신으로 난 자는
죽음이 없이 이 땅 이곳에서 영원히 영원히 사니
이것 아는 것이 지혜라
지혜는 창조주만
지혜 가지고 살아 있어라

제 5 편

신의 마음

영생 | 천국 | 인간 완성이란 | 생각뭉치야 없어져라 | 진리란 | 정과 신이란 | 창조주란 창조란 | 순리란 | 거듭남이란 | 삶이란 | 몸 죽으면 가는 곳 | 인간이 다 이루어야 한다 | 신의 마음 | 사람들아 일신이신 창조주를 우리가 볼 수가 있어야 되고 되어야 살 수가 있다 | 진리 되어 보는 사람 | 나는 길이요 진리요 생명이니 나를 통하지 않고는 천국 못 간다는 예수님의 말씀의 참뜻은 | 빛 I | 빛 II | 다 이루어 다 알자 | 내 마음속에 창조주와 창조주 나라 있는 나라가 영생천국이다 | 원수를 사랑해야 진리라 | 죄 사함은 죄인인 자기를 다 버리는 것이다 | 겸손의 뜻 | 사람이 바라는 복

영생

영생이란 영원히 사는 것이라
영원히 산다는 것은 죽음이 없어야
영원히 사는 것이라
죽음이 없다는 것은
진리가 되지 않고는 죽음이 있어라
진리란 우주의 에너지와 빛이라
진리란 살아 있는 그대로 그냥 존재하는 존재라
인간이 우주의 빛과 에너지로 다시 나지 않고는
영원히 살 수가 없는 법이라
자기의 일체가 없고 완전한 진리 자체인
창조주의 에너지와 빛으로 다시 나는 자는
자기가 창조주 자체요
자기가 진리 자체라
그 진리는 영원히
진리나라인 자기의 나라에
영원 영원히 사는 것이라

천국

천국이란 창조주가 만든 이 세상이 천국이라
천국이란 과거의 이 세상도 천국이라
창조주는 원래가 완전하게 이 우주를 창조하여
다 살게 하였으나
사람이 자기의 망념 가지고 있어
사람이 죽어 있어라
망념은 진리이지 않아
망념은 허상이라
그 자체는 허이라 죽음이라
천국은 이 천지만한 가장 큰 마음 가진
이 안에 있는 것이 천국이라
천국이란 살아 있는 나라이고
천국이란 창조주의 나라라
죽음이 없는 나라이고
근심 걱정이 없는 나라라
영생복락의 나라라

인간 완성이란

사람이 진리가 되지 않고는
사람이 완성되지 않는다
깨침의 정도에 따라
그 마음이 진리로 차고
의식이 깨어진 만큼
진리로 차게 되는 것이라

진리란 살아 있는 창조주라
인간 완성은 창조주 자체가 되지 않고는 되지 않는다
인간은 자기의 죄를 다 사하여
살아 있는 창조주로 화해야 하는 것이라
자기의 이마에 창조주의 인친 자만 사는 것이라

인친다는 것은 진리인 창조주가
자기 속의 마음의 뭉치인
생각뭉치에 임해야 인친 자라
인친 자는 산 자라

진리 자체라
죄 사함이 다 끝난 사람이라
마음을 다 닦은 자라
천국나라 살아서 난 자라
살아서 영생천국 난 자라
천국 가는 것이라
자기의 의식이
창조주와 하나 자체가 된 자라
천국 살고 인간 완성되어
천국 건설하여
영원한 나라에 가는 것이라
사람이 죽으면 형상으로 공수래공수거이나
그 진리가 된 자는
진리나라에 자기의 복 쌓은 만큼 살 수가 있고
복 쌓은 것이 자기 것이라
인간 완성은 천상 삶을
살아서 쌓는 자가 인간 완성자라

생각뭉치야 없어져라

생각뭉치야 없어져라
생각의 뭉치야 없어져라
생각의 뭉치야 없어져라
이 마귀야 없어져라
나의 망념의 마음인 생각뭉치야 없어져라
마귀야 물러나라
지긋지긋한 망념의 마귀는 물러나라
지혜란 신만이 지혜가 있고
신만이 나를 살리는데
망념아 물러가라
수없이 나를 부인하고
수없이 창조주 자체가 되어도
나의 집착의 끈질긴 마귀가 없어지지 않구나
나가 진리나라에서 사라지니
진리가 무한대이고
그 자체는 원래 있었고
그 자체가 나이구나

그래도 나는 궁금하고
의문과 의심이 그 자체인 창조주로
완전히 바뀌지 않으니
그 자체가 될 때는 된 것 같으나
마귀인 생각의 뭉치 남아 있어 번뇌하고 시비하고
수없이 죄를 사하여 나를 버리고
창조주 그 자체가 되느냐
나가 공부하여 보니
나는 나가 남아 있음 알겠구나
한없이 깨끗하고 티가 없고
살아 있는 진리와 나는 거리가 멀구나
천국 가기가
낙타가 바늘구멍 통과하기보다도
더 힘이 드누나
일체는 완전히 나 속에 있지 않고
나의 의식이 작고
그대로 있는 우주가 나 자체가 되지 않구나
이치로는 알겠으나
마귀인 생각뭉치가 남아 있어이라
나를 하늘에 날려 보내어
나 자체가 하늘이고
나 뒤쪽으로 날려 보내고

수없이 하다가 보니
홀연히 이 마음에 생각의 망념뭉치는 달아나고
진리이신 신이 임하였구나
나의 죄는 다 사하였고
세상의 일체는 다 살아 있고
그대로 그냥 살고
영원히 이 땅에서 살구나
이 몸이 없어져도
진리인 이 땅과 하늘이 나 속서 살구나
지혜의 신이라
진리를 가르치구나

진리란

진리는 우주 이전의 우주인
일체가 없는 우주의 허공이라
그 자체가 없으나
정과 신이 있어라
우주 이전의 몸 마음이
창조주인 진리라
이 자체를 이름하여
각 종교에서는 한얼님 하나님
부처님 알라라고 하지 않던가
이 자체는 천지의 주인이요
이 자체는 살아 있는
영원불변하는 우주의 에너지와 빛이라
진리인 이 자체가 되지 않고는
살 자가 아무도 없다

◯ 정과 신이란

이 우주는 일체가 없는 나라에
없는 가운데 정과 신이 있어라
정과 신이란
우주의 몸과 마음이라
이 몸 마음으로 다시 나지 않고는
살 자가 없는 것이라
성령 성부라 보신불 법신불이라
그 자체가 창조주이고
그 자체가 진리라
마음이 큰 자만이 볼 수가 있고 될 수가 있고
깨끗한 자만이 볼 수가 있고 될 수가 있는 것이라
이 무한대의 우주 자체라
이렇게 된 것이라
그렇게 된 것이라

창조주란 창조란

천지만상은 창조주가 있어
창조가 된 것이라
창조주란 우주 이전의 진리인
정신인 에너지와 빛이라
그 자체의 표상이 만상만물이라
에너지 자체가 만상의 몸이요
빛 자체가 만상의 마음이라
그 자체라 창조주라

이 우주에 있는 것은
하늘에 별이 수없이 많고 지구 태양 달이 있다
지구에 만상만물과 사람이 있다
그중에 사람도 있다
이 자체가 있기 이전의 자리가 창조주 자리다
이 자체가 나온 곳이
우주 이전의 우주에서 나왔고 이 자체라
일체가 나타난 만상이라

일체는 창조주가 창조했고
창조주의 뜻에 창조가 된 것이라
창조주의 뜻이란 창조가 되어지는 과정인 조건이라
이것이 있어 저것이 나오고
저것이 있어 이것이 난 것이라
하늘의 별도 원래는 불덩어리인 기체였으나
세월이 감과 동시에 땅으로 변했고
그 땅이 있어 물이 생기고
물이 있으니 초목과 물속 작은 풀이 있으니
플랑크톤이 생기고 물고기가 난 것이라
이 일체는 창조주가 창조한 것이라
무한대의 진리인 창조주 입장에서는
창조주가 창조하였고
또 조건을 보면
지수화풍의 조건에서 일체가 난 것이라
말은 달라도 같은 말이다
만상은 이곳에서 와서 이곳으로 간다
창조주는 그냥 영원히 살아 있다
있음을 창조주는 다 살게 하였으나
사람이 자기의 망념인 죄업으로 죽어 있어
이것을 살리어
본래의 창조주의 뜻대로 사는 것이 죄 사함이다

인간이 다시 부활하여 사니
이것이 개벽이고
이것이 새 하늘 새 땅이다
이 천지가 다 살아 있는 나라에
인간이 드는 것이 이 시대다
새 천인지가 자기 속에 있음 알고
새 천인지를 정신으로 창조하자
자기 것이 되어야
자기 것인 영생이고 천국이라
지금은 정신 창조 때이다
물질 창조는 무정인 원래 진리가 하고
정신 창조는 유정인 원래 진리가 하는 것이라

순리란

순리란 자연의 삶이 순리라
순리란 진리가 사는 삶이라
순리란 자연처럼 해도 한 바가 없어
사는 삶이 순리라
순리란 하나인 나라 사는 삶이 순리라
순리란 살아 있는 일체라
순리란 인간은 가짐의 마음으로 살아 순리가 아니라
순리란 진리가 되어 그 허인 마음이 없이 사는 삶이 순리라
순리란 하나님의 삶이고
순리란 하늘나라에 사는 일체가 순리라
순리란 그냥 있음이고
순리란 그대로 있음이고
순리란 살아 있는 일체가 순리라
인간이 완성될 때 일체는 순리라
대자연이 그대로 진리다
이 우주에는 있는 대로가 진리라
진리는 대자연이고

이 있는 일체는 모두가 살아 있어
있는 세상이 이대로 그 진리인 영혼으로
영원히 사는 것이라
있는 것이 다 사는 나라가 천극락이고
사람이 대자연 그 자체가 될 때 살 수가 있는 것이라
이것이 순리라

거듭남이란

거듭난다는 것은 다시 난다는 것이라
사람이 다시 난다는 것은
정신적으로 다시 나는 것이다
그 정신이 창조주의 정신으로
바뀔 때 거듭나는 것이라
그 자체가 창조주의 정신이라
완전한 정신이라 죽음이 없고
영원 영원히 살아 있는 것이라
거듭난다는 것은 진리로 다시 나는 것이고
거듭난다는 것은 살아 있는 진리가 되어
영원히 산다는 것이라

삶이란

삶이란 사는 것은
진리가 되기 위하여 사는 것이라
우리의 삶을 살되 마음이 없으면 사는 것이다
허된 마음에 살지 못하니
인간이 이 세상에 난 것은
영원히 살기 위해서이고
이 세상 사는 것은
영원히 사는 나라에
일하여 천복을 쌓기 위함이다
실의 복은 가지려는 것이 아니고
진리의 일하고 그 나라에 재물을 쌓는 것이다

몸 죽으면 가는 곳

이 몸이 죽으면 가는 곳이
살아 영생천국 난 자는
그 나라 그냥 그대로 사는 것이라
자기 망념이 든 자는
그 망념의 환으로 그 망념 속서 산다
자기의 업 따라 가는 것이고
자기의 죄 따라 가는 것이라
이것은 모두가 허라
이것은 모두가 참 아닌 죽음이라
꿈이 꿈 깨고 보면 실 아니듯
진리의 입장에서 보면
인간의 삶과 인간의 가진 마음이
꿈속에서 꿈과 같이 헤매이니
이것도 꿈 깨고 보면 꿈이듯
그 마음도 꿈 깨고 보면
허인 꿈이라

인간이 다 이루어야 한다

나가 세상 난 것은
나가 세상 사는 것은

나는 스스로 왔구나
나는 인연 따라 왔구나

일체는 스스로 나고
일체는 저절로 났구나

만상이 갈 곳도
만상이 있을 곳도
모두가 그 자리라
진리는 그냥 있고
만상만물도 그냥 있으나
인간이 그냥 그대로 있는
사실을 모르고 살구나
사람은 자기가 만든 업 따라

살아가고 갈 곳 모르고
그 업 속 갇힌 것은
죽음조차 모르고 살구나

인간이 무엇인가
인간이 산 것은 무엇인가
원래 완성된 인간을 찾아가서
그 나라의 일 하는 것이라

이 천지에 할 일이 무엇이고
이 천지에 할 것이 무엇인지
아는 자가 없구나
아는 자란 철들고 정신 차린 자라
정신 차린 자는 하는 일마다
하늘의 일하고
모르는 자는 자기가 죽어 있구나
죽은 자는 자기가 죽어 있음 모르고
산 자를 모르누나
산 자는 살아 있어 하는 행이
모두가 살아 있는 나라에 행하구나
잘난 것은 자기가 참 되어 사는 것이 잘난 자요
못난 자는 생명이 없어

허상에 갇혀 죽어 있구나
인간은 자기가 만든 마음으로
인간은 자기 속서 죽어 있으나
세상에는 죽은 자만 있기에
죽은 사실 모르고 허인 그 꿈속서 고통 짐으로
사람이 사람 살리고
사람이 진리라야 진리를 사람에게 가르칠 수 있는
평범한 이치를 아는 자도 세상 없구나
지혜란 하나님을 알고 그 자체가 된 자라
지혜자라

그 자체가 된 자라
자기가 없고 살아 있는
진리가 된 자라
그 자체가 된 자다
자기의 갇힌 무덤서
그 죄를 다 벗은 자라

죄란 자기중심의 이기적인
마음이 죄이라
창조주와는 거리가 먼
자기가 죄인이라

죽은 자는 죽어
자기가 죄인인 줄을 모르고 살구나

깨친 자는 자기의 의식이
깨어져서 깨어진 만큼
알아지는 것이 깨친 자라
깨친 자란
자기의 관념 관습이 깨어진 만큼 알아지고
창조주인 원래에 완전히 귀의함이
완전히 다 깨친 것이라

창조주는 살아 있고
창조주는 진리 자체이고
가장 큰 것이고
창조주는 살아서 창조주가 된 자가
창조주 자식으로 영원히 천국나라 산다

창조주는 진리라
사람이 자기의 죄를 다 사하는 것은
생각의 뭉치가 빛으로 승화하지 않고는
안 되는 것이라
생각의 뭉치가 빛으로 승화하는 것은

그 생각의 뭉치에 일신이신
창조주가 임해야 하는 것이라

인간은 자기의 욕심에 자기만 있어
그 집착에 이 자리에 오기가
참 회개 참회를 하지 않는 자가
올 수가 없어라
참 참회 회개란
신 자체가 되어 그 자체로 다시 난 자라
이마에 백호광명을 받은 자라
다 이룬 자라

신의 마음

신의 마음은 일체가 없어라
신의 마음은 없는 것조차 없지만
일체를 아는 것이 신이라
신의 마음은 끊어진 마음이라
신의 마음은 아는 것이 일체가 없는 자리라
신의 마음은 시비 분별이 없어라
신의 마음은 그냥 있고 그냥 살구나
신의 마음은 진리라 아는 것도 없고
알 것도 없지만 완전 그 자체라
신도 없지만 있듯이
신의 마음도 없지만 있어라
신의 나라는 신령스러운 나라라
신의 나라는 살아 있는 나라라
신령스럽다는 것은 살아 있다는 말이고
창조가 된다는 의미라
살아 있어 전지전능한 자리라
신의 자리라

완전은 번뇌가 끊어진 자리고
아는 것이 끊어진 자리라
그것이 신령이 사는 나라고
그 신령은 살아 있어 창조가 되니
신령스럽다는 괴이한 것이고
요술 주머니같이 만상을 나타내니
신령스러운 것이라
신은 살아 있고
신은 영원불변하니
신의 마음은 그 마음조차 없는
끊어진 마음이라

○ 사람들아 일신이신 창조주를 우리가 볼 수가 있어야 되고 되어야 살 수가 있다

신이란 이 우주의 우주 이전 자리가 신이라
그 위대하고 전지전능한 신을
자기 꼴만한 마음 가지고
신을 보고 알려고 하니 알 수가 있느냐
무한대의 세상에서 가장 큰 것이 신인데
그 신이 사람 눈에 뜨이지가 않는 것은
사람의 마음이 좁아서라
신을 보고 알려면
신만한 마음이 필요한 것이라
너의 마음이 가장 넓고 높고 가장 큰
무한대 자체로 다시 나지 않으면
그 신을 보고 알지 못한다
또 되지 못한다
신이란 영원불변하는 진리라
신이란 살아 있는 영원히 사는 존재라
그 존재가 되지 않고는
살 수도 없고 지혜가 없어라

신 된 자만 사는 나라가 영생이고 천국이라
신 된 자만이 사는 나라라
신선의 나라라
그 나라는 죽음이 없고
근심 걱정이 없고
그 나라는 살아 있는 완성된 나라라
그 나라는 뜻이 하나이고
그 나라는 있는 만상이 영원히 쉬며
살아가는 나라라
대휴의 나라요
그대로 영원히 살고
실이 되어 대정으로 복락 누린다
신이 되지 않고는 사는 방법이 없다

진리 되어 보는 사람

진리의 입장에서 사람을 보면
사람은 모두가 자기의 망념의 노예가 되어 살아간다
사람은 자기가 모두가 자기의 마음의 노예가 되어
그 마음만큼만 행동하고 그 마음만큼만 살아간다
지금 사는 모양이 자기의 먹어놓은 마음이라
먹고살기가 괜찮고 형편으로 잘산다고
잘 사는 것이 아니라
그것도 망념의 표상이고
그것도 죽어 있는 사람의 행이라
모든 중생이 부질없는 꿈꾸며 살고 있는 것이라
자기의 망념 속에 사는 자는
자기가 망념 속서 사는 줄 모르고
자기가 갇혀 사는 자는 갇힌 줄 모르고 산다
일체가 사람들은 저가 잘나 사는 줄 아나
하나님의 뜻에 사는 줄 모르누나
자기의 업대로 살아
그 업에 인간이 죽고 말구나

진리 된 자만 죽은 자 알고
진리 된 자만 애타하구나
산 자만 죽은 자가 죽어 있음 알고
산 자만 산 자 알구나

나는 길이요 진리요 생명이니 나를 통하지 않고는 천국 못 간다는 예수님의 말씀의 참뜻은

예수님은 아브라함 이전의 예수님이신
알파요 오메가이신 창조주라 예수님이라
그 예수님은 무한대 우주 이전의 우주인
자리이자 창조주라
살아서 나를 보내신 이를 믿는 자는
죽지 않고 영원히 산다고 했다
나를 보내신 이가 길이요 진리요 생명이다
그 자체를 통하지 않고는 천국 못 간다

우주 이전 자리는 그릴 수가 없이 무한대이지만
천지만상이 나오기 전의 우주 그 자체로
한번 생각하여 보자
이 자리는 공의 자리요
이 자리는 없음의 자리요
이 자리는 창조의 자리라
이 자리는 길이요
이 자리는 생명의 자리요

이 자리는 진리의 자리요
이 자체인 영원불변인 진리가 되지 않고는
살 자가 없는 것이라
나의 마음이 창조주의 가장 큰 그 자체로
다시 나지 않고는 천국에 못 간다
그 자체만이 진리인 유일신의 자리라
그 자체만이 살아 있는 창조주의 자리라
그 자체만 구세주인 것이라
이 구세주가 되지 않는 자는 살 수가 없는 것이라
이 자체가 되는 것은 내 마음에 창조주가 계실 때
믿는 것이라

믿음이란 마음의 확신이고
믿음이란 마음이 믿을 때 믿음이라
내 마음이 수용하는 것이 믿음이라
내 마음이 인정하는 것이 믿음이고
내 마음이 깨치는 것이 믿음이고
내 마음이 그 자체가 되어 알고 된 것이 믿음이라
말로만 주여 주여 하는 자는 천국에 못 간다고 한 것은
하나님의 망념의 대상을 두고 믿는 것은
말만의 주여 주여이고
참인 진실로 진실로 믿는 것은

내 마음에 주님이 계셔서 믿어야
내 마음이 가장 크신 창조주 자체로 다시 날 때
내가 마음이 이것이구나 하며 알고 수용하는 것이라
그것이 깨침이고 믿음이라
다시 나는 것도 진리가 되어 그 자체로 나는 것이라

유대인들은 아직도 예수를 믿지 않는 것이
자기들이 믿던 하나님을 그 형식에서 찾으니
믿지 않는 것이라
예수님은 이단이었던 것이라
구원이란 자기의 망념의 마음이 없고
진리인 실인 창조주만 있을 때
그 자체가 되었을 때 구원인 것이라
구원이란 구하여지는 것이고
구원이란 사는 것이고
구원이란 진리가 되는 것이고
구원이란 다시 나는 것이고
영원히 천국에 사는 것이라
구원이란 자기가 자기의 죄를 사할 때
구원이 되는 것이라
지금도 예수를 모르듯 자기 속서 진리를 찾지 않고
그 틀과 형식에 매여 있으면 그 속서 살아

영원히 참인 예수님을 못 만난다
예수님을 알지 못한다
유대인이 예수님을 이단으로 이야기했듯
참을 모르면 그 또한 그러할 것이다
진리는 자기 속에 있다
하나님이 여기 있다 저기 있다 믿지 말고
나 속서 찾는 것이 참이나
나가 하나님을 나 속 계실 때 믿는 것이
참으로 믿는 것이라
그 자체가 되지 않고는 천국 날 자가 없다

○ 빛 I

빛이 없으면 세상의 만상만물이 없듯이
진리의 빛 없으면 살 자가 없구나
빛이 없어지면 세상이 어둡듯이
진리의 빛이 없으면 지혜가 없어 어둠 속 헤맨다
빛이 없으면 있음이 없듯이
진리의 빛이 없으면 있음이 없다
빛이 없으면 세상은 암흑 되듯이
진리의 빛 없으면 세상이 암흑이라
빛이 없으면 삶의 의미가 또 의의가 없듯이
진리의 빛이 없으면 삶의 의미가 의의가 없다
빛이 없으면 삶이 없듯이
진리 빛 없으면 삶이 없다

내 마음의 빛이요
내 마음의 진리요
내 마음의 참 생명인 영생불사신이 빛이라

이 천지는 진리나라에는
이 천지가 일체 살아 있으나
그 살아 있는 것이
진리의 빛으로 살아 있는 것이라
진리는 살아 있고
진리는 빛이라
그 빛 가진 자가
빛 나라 산다
빛이 있어 생명이 있듯이
진리의 빛이 있어 참 생명 있구나

인간이 사는 것도
인간이 있는 것도
빛이 있어 있어라 빛이 있어 살아라
만상도 마찬가지라
생명의 근원이 있어
그 근원이 사는 것이 나라
살아 있고 죽음이 없는 빛의 나라
빛으로 다시 나야
그 빛의 나라는 죽음이 없고
그 빛의 나라는 영생불사하는 나라라
살아서 빛의 나라 난 자는

천지만물과 함께 영원히
빛의 나라에서 죽음이 없이 살구나

창조주의 정신인 빛이라
창조주 자체인 빛이라
일체를 알게 하시고
일체를 알아 지혜 밝히신 빛이여
그 지혜는 참을 아는 것이라 참 빛이라
지혜는 참 빛 가진 자라
가지는 것이라
지혜 자리는 지혜 자체라 아는 것이 없고
번뇌 망상이 일체 끊어진 자리라
그 자체의 빛은 완전하여
그냥 그대로 존재하는 것이라
백호광명 받은 자란
참 빛 가진 자라
백호광명 받은 자라
참 빛 자체라
죽어도 살고 살아도 살고
죽음이 없는 참 빛 자체라
그 자체는 영원불사신이라
그 자체는 죽지 않고 그대로 존재한다

사람도 참 빛으로 다시 난 자는
그 완전한 참 빛 자체라
이 몸이 없어져도
그 에너지 빛이 영원불사신 되어
영원불사의 나라 사는 것이라

미완성의 시대에서 완성 시대가 열렸다
완성이란 전지전능한 창조주와 하나가 되는 것이라
미완성이란 창조주와 하나가 되지 못한 것이라
사람이 창조주와 하나가 되지 않고는 살 자가 없는 것이라
완성이란 영원불사의 살아 있는 신 자체인
진리가 되는 시대가 완성 시대이고
완성이란 다 이루는 것이고
다 이루는 것이란
전지전능한 창조주가 되는 것이다
지금이 완성 시대다
이때까지는 완성의 존재를 말하고 보고 듣고 하였으나
이제는 인간이 완성인 존재 자체가 되는 때라
인간 완성은 자기의 집착된 자기중심적인
이기적인 허상의 마음에서 벗어나는 것이라
예수님의 말씀처럼
의인이 세상에 없다고 하는 것은

사람이 완성자가 없다는 뜻이라
창조주만 완성이라
인간 완성은 자기로부터 벗어난
창조주와 하나가 되는 것이라
창조주와 하나가 되는 것은
자기를 다 바쳐 창조주 자체가 되는 것이라
그 자체로 다시 난 자라
완성자라
자기의 틀에서 벗어난 자는
자기의 생각의 뭉치가 없고
생각의 뭉치에 창조주가 임한 자라
미완성 시대는
완성을 이루지 못한 시대요
완성의 시대는
완성 자체인 신이 되는 때가 완성 시대라

빛 II

천지에 빛이 없으면 하늘 땅이 안 보이지
천지에 구름 있으면 하늘과 땅이 잘 안 보이지
천지에 안개 있으면 하늘이 땅이 잘 안 보이지
천지에 황사가 있으면 하늘 땅이 잘 안 보이지
사람의 마음에 구름이 있으면
하늘 땅이 안 보여 보지 못하지
사람의 마음에 안개가 있으면
하늘 땅이 안 보여 보지 못하지
사람의 마음에 황사가 있으면
하늘 땅이 안 보여 보지 못하지
사람의 마음에 빛이 없으면 하늘 땅이 안 보여
하늘 땅의 이치 모르지
천지의 구름과 안개 황사가 없고 빛이 있으면
천지가 밝아 잘 보이듯
사람의 마음에 구름 안개 황사인 죄업이 없으면
빛이 나서 천지의 이치를 다 알고
산 것과 죽은 것 다 알고
그 빛으로 영원히 살지

다 이루어 다 알자

이 천지의 사람들아
말만 듣던 신선 나라 가자
이 천지 사람들아
말만 듣던 영생천국 살아서 가자
이 나라에 가는 열쇠는
자기의 죄를 사하는 것이고
이 나라에 가는 열쇠는
자기의 더러운 마음 닦는 것이라
이 나라에 가는 열쇠는
자기의 마음과 몸을 다 닦는 것이라
이것이 죄 사함하는 것이라
이곳까지는 자기에 묶인 쇠사슬을 풀고 또 풀어
그 속에서 빠져나와야 하는 것이라
자기의 마음이 커갈 때 그 고개를 넘어가는 것이라
인간의 마음에는 참이 하나도 없는 것이라
자기의 거짓된 마음에는 진리가 없는 것이라
이 집착된 마음을 벗어던지고

나를 버려 진리가 되어 보세
신선 나라 빛의 나라는
더러운 나를 버리면 갈 수 있다네

첫째 고개는
나의 산 삶인 기억된 생각을 버리고 버리다 보면
우주가 남아라
우주가 나이어라

둘째 고개는 집착된 나를 버리고 버리다 보면
내 마음 없음 알고 우주와 나는 하나임 알겠구나

셋째 고개는 나라는 존재를 버리다가 보니
나 속에 창조주가 있음 알겠구나

넷째 고개는 나를 여러 방법으로 버리고 버리다 보니
나 속에 우주 이전의 창조주이신 정신이 있음 알겠구나

다섯째 고개는
나의 마음을 창조주이신 우주 이전의
가장 크고 가장 넓고 가장 높고 낮은 무한대 자체가 되니
정신 그 자체만 남아

천상천하 창조주만 있음 알겠구나
나 자체라
창조주이니 무한대의 창조주를 보고 아는 고개라

여섯째 고개는
나 속에 무한대의 창조주이자 창조주의 나라가 있어
일체가 나 속에 있어
이 천지가 천극락이구나
이 천지가 영원히 천국이구나

일곱 번째는
나가 우주 자체가 되니
그 자체는 나 자체라
나가 창조주로 완전히 화하였구나
그 자체의 사이클 안에
나가 들었구나
나는 나를 다 버렸구나
다 죽였구나
하나님이 나 속에 있어
대화가 자유자재이고
하나님의 뜻대로 살구나
천지의 일체를 아는 것이 끊어지고

궁금한 일체가 다 끊어진
아는 것이 없는 자리나
지혜 그 자체라 모를 것이 일체가 없고
참 자체라 진리 자체라 창조주만 살아 있고
창조주만 산다는 이치를 알겠구나
이것이 부활이고 영생이구나
다 이룬 자체고 완성된 자라

여덟 번째는
이미 천국에 나서 천국의 삶 살구나
창조주의 뜻대로 스스로 그냥 그대로 살구나
그냥 그대로 살며 하늘 일 하구나
하늘복을 쌓는 것을 알아
하늘 뜻에 하늘복 쌓아
쌓은 복으로 삶 죽음이 없고
여여한 마음으로 전체인 남을 위해 살구나
이마에 인친 자가 되었구나
생각의 뭉치가 없어지고
생각의 뭉치에 창조주가 임하셨구나
마음인 생각의 뭉치가 없어졌으니
죄 사함이 다 이루어졌구나
그 마음이 없고 창조주이신 신이 존재하여

지혜의 신으로 되었구나
듣는 것마다 보는 것마다
일체가 다 깨쳐지는구나
모를 것이 없어 다 가르치구나
이 땅을 지상천국으로
이 땅을 불국토로 하는 일이 나가 하는 일이구나
백호광명이나 이마에 인친 자나
항마한 자인 마귀인 자기에게 승복받은 자라
다 죽어 진리만 남아 있으니 더 닦을 것이 없고
일체 아는 막힘이 없는 자리라
바로 일곱 여덟 번째의 고개이구나

내 마음속에 창조주와 창조주 나라 있는 나라가 영생천국이다

살아 있는 무한대 창조주 자체가 되어
무한대의 창조주의 나라 자체가 되어
무한대의 창조주 나라 자체라
나가 거듭나면 그것이 영생이고 천국이다
영생이란 진리만이 영생하고
천국도 진리만이 천국이라
이 세상에 있는 일체는 이미 하나님 나라에 살고 있고
이 세상에 있는 일체는 창조주 자체이고
그냥 살고 있으나
인간의 마음이 있어 자기 속에 묶여
그 마음의 노예가 되어 살아가고 있으니
인간이 죽어 있고 그 망념은 실이 아닌 허이고 죽어 있어
인간이 깨쳐 있는 세상 자체가 되지 않고는 살 수가 없다
인간이 살아 있다 죽었다도 신만이 알고
인간이 천국 나고 죽는다는 것도 신만이 안다
신인 지혜 가진 자는 아는 것이라
신만이 지혜 가져 자기의 가진 만큼 자기 것이고

자기 마음에 실 가진 자는 자기가 실이라
살아 있는 것이라
실 나라에 자기가 천복을 가졌으면
그 천복의 나라에 그 복을 쌓아야 하고
쌓은 만큼 그 나라에서 행하고 산다

원수를 사랑해야 진리라

세미나를 하다가 보면
각 종교 각 종파의 사람들이 다 모인다.
나는 이 우주의 진리는 우주 이전의 우주인 창조주인
진리만이 진리고 진리는 살아 있다고 한다.
그리고 이 진리는 영원불변하는 것이
진리라고 이야기를 한다.
무한대 우주 이전의 우주가 진리고
세상에서 가장 큰 것이고
세상에서 가장 넓고 가장 높고 낮다고 한다.
이 진리가 사람 눈에 보이지 않고
이 진리가 되지 못하는 것은 사람은
원죄와 자범죄 때문이라고 이야기한다.
자기중심의 자기 것만 알고
자기 위주의 좁고 집착된 마음이 자기 모양만 하니
진리와는 거리가 멀다고 했다.
자기의 모양이 꼴이라
모양만한 행동을 하는 것이 꼴값을 하는 것이라

천지만상은 생긴 대로 놀고 행동하고 산다.
사람도 마찬가지다.
사람의 망념의 집착된 마음에는 하나님이 없다고 한다.
하나님을 볼 수가 있고 하나님이 되려면
거짓된 망념의 죄를 다 벗어야
볼 수가 있고 될 수가 있다고 한다.
하나님은 나의 거짓의 마음과 거짓의 몸을 버리고
진리이신 창조주의 정신으로 거듭나야
볼 수가 있고 될 수가 있다고 한다.
또 사람이 자기가 살아왔던 집착된 마음과 몸을 버리고
창조주의 몸 마음으로 바뀌어야 된다고 한다.
그리고 예수님은 우리들을 위하여
세상에서 가장 소중한 목숨을 버렸다고 한다.
그 예수님처럼 진리를 위하여 자기가 죽는 자가
하나님의 자식으로 날 수 있다고 한다.
자기의 죄 사함을 다한 자가
자기 속에 하나님 부처님이 있다고 말한다.
죄 사함을 다하면 하나님만 나 속에 계셔서
예수님이 말씀하신
왼손으로 하는 것을 오른손이 모르게 하라.
또 왼뺨을 때리면 오른뺨을 들이대라.
그리고 원수를 사랑하라는 말씀처럼

그 원수를 사랑할 수가 있어야
하나님의 자식이고
영원히 천국에 나서 살 수가 있다고 한다.
참으로 원수를 사랑할 수가 있느냐고 물으면
누구도 안 된다는 표정이다.
하나님만이 원수를 사랑할 수가 있다고 나는 이야기한다.
나 속에 하나님이 계실 때
원수를 사랑할 수가 있는 것이라고 이야기한다.
가장 큰 창조주가 말씀하신 경을
사람이 이해 못하는 것은
자기의 속이 자기만한 망념인 거짓의 허인 마음에서
그것을 이해 못하는 것이 당연하다고 한다.
자기가 죽고 넘어간 나라가
영생의 나라이고 천국이다.

죄 사함은 죄인인 자기를 다 버리는 것이다

이 세상에는
세상이 잘못되어
나라가 잘못되어
내 주위가 나빠서
부모를 잘못 만나서가 아닌
나 자체가 잘못되어서다
내 마음에서 타의 탓을 하고 산다
일체는 나의 탓인 나의 잘못이다
나라는 존재의 아는 것과
마음에 새긴 일체와 나의 몸마저 다 버려야
죄 사함을 다한 것이라
나를 다 버리면
진리이신 창조주만이 있어
그 자체의 자식으로 다시 나야
나 속에 영생이 있고 천국이 있는 것이라
죄 사함은 나를 다 버릴 때
죄 사함을 다한 것이라

겸손의 뜻

겸손이란 나가 없는 것이 겸손이다
나가 없어 내가 겸손할 수 있고
나가 없어 내가 수용할 수 있고
나가 없어 내가 낮을 수 있다
참 겸손은 수용하는 것이고
참 겸손은 나가 없어 행하는 일체가 다 겸손이다
사람은 겸손해라
사람은 사랑해라
사람은 지혜 가져라
사람은 왼손이 하는 것을 오른손이 모르도록 하라
사람은 자비를 베풀어라
사람은 원수를 사랑하라
사람은 너의 이웃을 내 몸같이 사랑해라
이런 많은 말들은 사람이 한다고 되는 것이 아니고
사람 속에 창조주가 모셔졌을 때 저절로 되는 것이라
사람은 그 마음이 남아
왼손이 한 것을 오른손이 모르게 못한다

사람이 바라는 복

사람들이 종교를 가지고 살아가는 것을 보면
대부분 복을 바라는 기복을 하고 종교를 하고 있다
사람의 망념의 마음이 바라는 것은
해달라고 하는 경우가 많다
특히 자기가 아주 곤경에 처했다고 생각될 때
간절히 그것을 바란다
또 입시 취직 또 자녀가 잘되어지고
남편이 사업이 잘되기를 바라고
돈을 많이 벌기를 바라고 기도도 한다
사람은 저마다의 마음이 있어 그 마음에 먹어놓은
다시 말하면 그 마음이 가진 종류에 따라 삶을 살아가고
마음에 가진 만큼 삶을 산다
사람이 기복을 한다고 그것이 얻어지는 것이 아니고
마음에 그 조건을 가졌을 때 그렇게 되는 것이다
그 속에 가진 마음에 의하여 그만큼 산다
사람이 바라는 그것이 이루어질 때
기복하여 된 것인 줄 아나 이미 되는 것은 되는 것이다

이런 허된 망념의 복을 쌓지 말고
나 속에 참인 복을 쌓아야 하는데
마음이 병들고 정신이 병든 줄을 모르고
그 망념의 노예가 되어 그 속에 살아가고 있으니
죽은 자는 죽어 있어 산 자 모르고
실인 참 복인 영원불멸의 진리의 나라에는 언제 갈까
복은 바라는 것이 아닌 진리나라에 쌓는 것이 복이라
진리나라에 복을 쌓아 놓으면 그대로 영원히 있는 것이라
내 것이 되어 그 복으로 사는 것이라
하늘나라에 권세를 부리라는 뜻은
그 나라에 자기의 복을 쌓아
자기가 쌓은 것은 자기 것이니
그것이 권세를 부리는 것이다

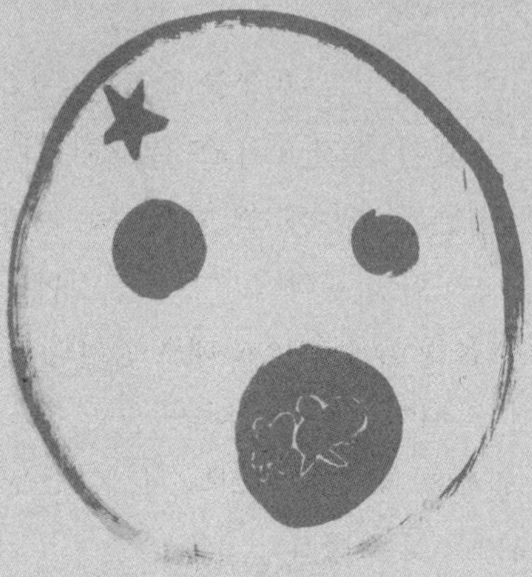

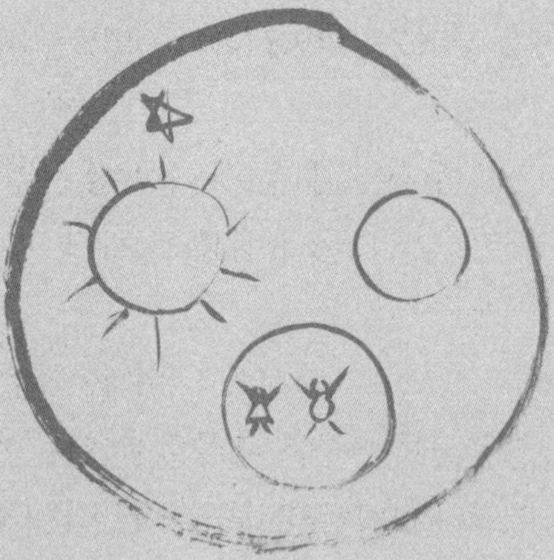

제 6 편

진리로 가는 길

무한대 우주의 원래인 진리인 에너지 빛으로 다시 나 사소 | 계명 속에서는 진리나라인 완성이 되지 못한다 | 죄란 | 구세주란 | 예수는 내가 모셔야 한다 | 말씀이 육신이 되었다 | 너희가 진리 안에 너희가 내 안에 거하라 | 그대로 살라는 말이나 그냥 살라는 말은 | 권세란 참으로 그냥 그대로 사는 진리인 자가 쌓는다 | 진리로 가는 길 | 마음이란 | 지극한 자들만 따라할 수 있는 깨달음 | 참 | 사람들의 어리석음 | 창조주 | 죽는 것을 죽도록 죽어야 신과 하나가 되어 완성될 수가 있다 | 구름이 없으면 하늘만 남지 | 빈 배에 사공이 홀로 서서 | 미국 | 성인은 모두가 진리나라에 안테나가 있었지 | 말씀으로 산다는 뜻 | 믿음의 차이 | 활연대오란 | 마음이 부자라야 부자다 | 깨달음은 창조주의 말씀이다 | 창조주의 사랑은 수용이다 | 진리가 와도 인간은 모르고 진리인 자만이 안다 | 구세주란 진리 되게 하는 자라 | 이 모든 것은 다 내 탓이다

무한대 우주의 원래인 진리인 에너지 빛으로 다시 나 사소

이 우주에는 영원불사하는 존재가 있다
그 존재가 우주의 에너지인 우주의 허공이고 빛인
우주의 신 자체라
허공과 신은 하나라

이 천지의 만상이 나타난 이유는 무한대의 우주의
창조주의 입장에서 보면 우주는 살아 있고
있는 만상 자체가 그냥 우주의 창조주라
하나님인 무한대 우주의 입장에서 보면
삼라만상은 이미 깨쳐 있고 삼라만상은 다 살아 있다
살아 있는 그 나라가 무한대 우주의 빛과 하나 자체일 때
그 나라에서 영원히 사는 것이라

개체 전체가 원래인 에너지 빛 자체라
그냥 그대로 살아 있는 것이라
산다는 것은 에너지 빛인 영원불변의 우주의 창조주인
진리 자체가 되지 않고는 영원한 삶이 없는 것이라

천국의 나라도 진리인 에너지 빛의 그 나라는
죽음이 없고
개체가 전체인 개체의 관념 관습을 떠난
진리로 간 자만 알 수가 있는 것이라

이 우주는 원래 있었고 이 우주는 원래 완성되어 있고
이 우주는 살아 있으나 이 사실을 아는 것은
이 우주만한 마음이 되고 그 우주 자체가 되지 않고는
실의 진리가 사람 눈에 보이지도 되지도 않는 법이라
사람은 자기가 가진 만큼 알고
사람은 자기가 가진 만큼 말하고
제주도에 간 자만 제주도를 알듯이
제주도를 입으로 또 듣고 아무리 되뇌어도
그 제주도는 가지지 못한 것이라

자기가 좁은 마음을 던져버리고
가장 크신 창조주의 마음 그 자체가 될 때
세상의 일체를 알 수가 있는 것이라
세상은 살아계신 창조주가 이미 완성하여 놓고
그 나라 인간만이 회개하여 죄 사함하여
그 나라 드는 것이 인간의 몫이라
인간이 죄인이라면 그 죄인을 다 없애는 것이

속죄가 되는 것이라
죄 사함한다는 것이라
나가 없어 다 죽어 보면 다 알 수가 있는 것이라
진리가 내가 되면 일체를 알 수가 있는 것이라

계명 속에서는 진리나라인 완성이 되지 못한다

죄란 자기가 있어 죄가 있는 것이다
무엇을 하지 말라고 해놓으면
그 하지 말라는 것을 자기 마음에 가지게 된다
그것이 죄라
자기가 가진 관념의 죄를 벗어던지면
죄가 없는 것이라
죄도 인간이 만들었고 계명도 마찬가지라
계명 너머의 창조주라
인간은 완성된 창조주 자체가 되지 않고는
죄업에 가려 죄 속서 사는 것이라
이 자체를 벗어나는 것이
죄 사함하는 것이고 완성이 되는 것이라
이 계명을 넘은 세계가 영생천국이라
신은 계명을 벗어난 자리라

죄란

사람이 죄라고 하면
십계명이나 법에 어긋나는 것이 죄라고 생각한다
또 그 집안의 관습을 지키지 않을 때 죄라고 생각한다
그러나 죄란 인간마음에 가진 집착이 죄다
인간이 자기중심적인 이기적인 집착의 마음을 가질 때
죄인 것이다
왜냐하면 그 집착된 마음으로 인하여
자기 속에 묶이어 살고 자기 속에 갇혀 살아
참인 살아 있는 진리와 하나가 되지 못하니
그것이 죄인 것이다
죄란 창조주를 믿지 않는 것밖에 죄가 없다
믿는다는 것은 마음속에 창조주를 모시는 것이
죄인인 나를 다 버려서 그 자체가 되는 것이다
죄란 자기 자신이고 그 자기라는 관념 관습이 죄이고
죄란 마음 자체를 묶고 있는 것이고
죄는 개체가 가지고 있는 관념 관습이니
이 죄를 다 사해야

죄가 없는 해방된 삶을 영원히 사는 것이다
죄를 벗어야 창조주와 하나가 되고
죄를 벗어야 창조주로 다시 난다
창조주로 다시 나는 것은 그 자체가 완성된 자라
이 세상에서 죄는
창조주가 되지 않는 죄밖에 없다

구세주란

구세주는 세상을 구원하는 자라
구세주는 사람을 살리는 것이라
우리의 관념에는 구세주가 나타나면
자기가 믿고 있는 종교에서 잘했다고 하여
구원하는 줄 알고
또 구세주가 전지전능하여
악을 부수고 선한 일 한 자만 천국에 가게 할 줄 알고 있고
자기들만 선택받은 양 그렇게 생각한다
우리가 한번 생각해 보자
구세주가 세상을 구원하는데
어떻게 해야 세상이 구원되는지를
아는 자가 아무도 없다
또 우리가 한번 생각해 보자
구세주는 세상을 어떻게 구원하겠는가를

이 세상은 이미 구원이 되어 있다
다시 말하면 세상은 깨쳐 있고

완성된 하나님 나라는 원래부터 있었다
그 나라에 가게 하는 자가 구세주다
그 나라에 가려면 진리가 되지 않고는 갈 수가 없다
인간에게 진리 되는 방법을 가르치는 것이
구원하는 자가 할 수가 있다
자기의 죄로 심판하는 것이다
죄가 무거운 자는
그 죄에 갇혀 죽게 될 것이고
죄가 작은 자는 살아날 것이다
죄가 무거운 자는
진리와 거리가 멀고
죄가 작은 자는 죄 사함하여 살 것이다
죄 사함하게 하는 자가 구세주며
진리가 됨은 죄 사함이고 그 방법을 가지고 온다
진리만이 영생할 수 있고
진리만이 천국 날 수가 있어
사람의 마음만 진리로 바꾸면
다 이루어지는 것이다

예수는 내가 모셔야 한다

예수는 내가 모셔야 한다는 뜻은
우리는 예수님이라고 하면
이천 년 전에 이 땅에 사신
그 형상의 예수님을 생각하고
또 그 형상의 예수님을 자기 속에 모신 자가
예수를 믿는 자는 그렇게 알고 있다
예수님은 창조주이신 하나님 자체가 예수님이다
창조주이신 하나님을 나 속에 참으로 모심은
나 자체가 없고 그 창조주 자체로 거듭나야 하므로
나 속에 모셔지는 것이다
예수님인 하나님을 모시는 것은
나란 존재의 죄가 다 사해져서
완전한 창조주 자체가 되지 않고는
믿음도 아니고 모셔진 것도 아니다
나의 죄의 마음이 없고 창조주 자체만 남았을 때
가장 큰 마음인 의식일 때 참으로 모셔진 것이다

말씀이 육신이 되었다

말씀이 육신이 되었다는 뜻은
말씀은 이성인 근본 성품이다
근본 성품이 성령 성부라
성령과 성부로 거듭난 자는
말씀인 진리가 육신이 된 것이다
다시 말하면 나 자체가 죄를 다 사하여
진리이신 성부 성령 자체만 남고
그 자체가 나 자체이고 그 자체가 나 속에 있을 때
하나님의 마음과 몸으로 다시 난 것이라
말씀이란 진리 자체인 성부와 성령이고
그 자체가 육신 속에 거한다는 뜻이라
또 내 육신이 성부와 성령 자체라

너희가 진리 안에
너희가 내 안에 거하라

사람이 하나님 안에 거하고
진리 안에 거하는 것은
진리가 하나님이고 하나님이 진리라
자기가 없고 하나님 자체가 되지 않고는 거할 수가 없다
사람이 죽지 않고는
하나님을 알 수가 없고
사람이 하나님 안에 거할 수가 없다
죄인인 자기를 다 버리는 것만이
죄 사함을 다한 것이라
그 자기가 없는 세상이
영생이고 천국인 것이다
살아서 죄 사함 다한 자는
하나님 나라에 거하게 되는 것이라
이런 자가 살아서 참으로 진리를 믿는 자요
믿음으로 천국 난 자라 죽음이 없다

그대로 살라는 말이나 그냥 살라는 말은

그대로란 말은 진리만이 그대로다
그냥이란 그 자체인 진리만이 그냥이다
이 자체가 만고불변의 살아 있는 진리를 두고 한 말이다
진리는 그대로 있고 그냥 산다
진리가 된 자는 그대로 있고 그냥 산다
이 말은 진리 자체가 된 자는
자기중심적인 자기의 입장에서 사는 것이 아닌
진리의 삶을 사는 것이라
자기의 입장에서 그냥 그대로 산다고 하는 것은
마귀의 자기중심적인 삶이다
그냥 그대로란
진리의 삶을 사는 것이 그냥 그대로다
진리인 그 자체가 된 자는 진리라 그 나라의 복을 쌓고
그 나라의 일을 하며 사는 것이라
진리의 행하며 사는 것이 그냥 그대로 사는 것이다
그 진리의 행 자체가 그냥이고 그대로다
그냥이란 진리인 자유가 된 자가 사는 삶이 그냥이고

그대로란 진리가 그대로 있어
그 진리의 삶 사는 것이 그대로이다
진리가 된 자는 진리나라인 하늘나라에 난 자라
그자는 자기 나라에 권세를 부리는 것이라
만고불변의 진리인 하나님 부처님의 나라에
영원히 영원히 살아갈 나라에
그곳에 자기의 권세인 복을 쌓는 것이다
그 복을 자기가 쌓은 만큼 그 나라에 있는 것이라
자기가 만든 만큼 하늘나라에 권세가 있는 것이라
권세란 자기가 만드는 것이다

권세란 참으로 그냥 그대로 사는 진리인 자가 쌓는다

마귀의 의식에는
권세라는 것이 자기가 군림하는 것으로 아나
자기가 참으로 하늘에 난 자는
하늘에 복 쌓지 땅에다가 복 쌓는 자 없을 것이다
있다면 그자는 완성 못 이룬 자라
그자는 진리가 못 된 자라
다 이루지 못한 자라
인간은 이 세상에 나서 사는 삶이 유한이라
부질없는 망념 속서 사는 자는
그 집착을 무덤까지 가지고 가니
지혜자는 그냥 그대로 진리의 행하며
진리나라에 일하며 산다
그대로란 살아 있는 진리가 변하지 않아 그대로이고
그냥이란 살아 있는 진리가 변하지 않아 그냥이다
그대로 그냥은 살아 있는 진리가 사는 삶인 것이다
진리 행을 하는 것이다

진리로 가는 길

진리로 가는 길이란 어떤 것일까
수많은 사람들이 알토란 같은 젊음을 불사르고
이 길을 찾는 이도 많다
지금도 가지의 수를 헤아릴 수 없을 만큼
그 방법은 많이 있다
그러나 진리로 가는 방법은 누구나가 갈 수 있어야 하고
과학적이고 체계적이어야 하고
시간이 지나면 닦인 만큼 깨침도 있어야 하는 것이다

깨침이란 자기의 단단히 묶인 마음이 완전한 진리로 갈 때
그 진리가 된 만큼 알아지는 것이다
자기의 마음이 깨어진 만큼 알아지는 것이 깨침이라
개체의 마음은 깨어지고 전체로 갈 때
깨어진 의식인 마음만큼 아는 것이 깨침이라
깨침이란 그 마음에 진리가 든 만큼 아는 것이라

진리로 가려면 말만 듣던 진리부터 알아야 한다

진리는 우리가 만고불변하는 것이 진리라고 배워왔다
무한대의 우주를
만고의 불변하는 진리를
우리가 한번 찾아보기로 하자
이 우주에는 하늘 별 달이
태양 지구가 있기 이전에
아무것도 없었다
이 우주에는 하늘에
별이 있고 태양이 있고 달이 있고 지구가 있다

과연 어디에 진리가 있을까
지금 이 순간에도 하늘의 별이 나기도 하고 죽기도 한다
눈에 보이고 있는 만상에는 진리가 없다
그 자체는 언젠가는 모두가 없어지는 것이라
그 만상이 나온 곳도 우주의 허공 이전의 허공이요
갈 곳도 이 허공 이전의 허공이다
이 허공은 영원히 별이 왔다 갔다 하여도
그 자체는 그냥 그대로 있는 것이라
그것이 만고불변의 살아 있는 진리라
영원히 죽지 않고 영원한 세계에 살려면
이 자체가 되지 않고는 영원한 것이란 없는 것이라

이 자체가 되어 다시 난 자가
신이 된 그 영혼이 영원히 천극락에서 사는 것이라
사람은 자기의 집착된 마음으로 인하여
그 마음에 망념된 허상만 가지고 있으니
사람 속에 진리가 없다
마음을 닦는다는 것은 죄 사함하는 것과 같은 말이다

마음이란

마음이란
그 형체 자체가 마음이다
그 형체에는 그 형체의 마음이 있다
만고불변의 진리란
천지만상이 나오기 이전의 자리인
창조주의 자리다
이 창조주가 되지 않고는 사는 방법이 없는 것이라
이 자리는 살아 있는 자리라
사람도 이 창조주가 되지 않고는 사는 방법이 없다
사람의 몸과 마음을 버리면 이 자체의 존재가 될 수가 있다
이 존재의 몸과 마음으로 다시 난 자가 영생할 수가 있다
이 존재는 우주 이전의 우주인 무한대 우주 자체라
그 자체의 몸 마음으로 다시 나지 않고는 사는 방법이 없다
사람이 이 자체가 되기 위하여서는
자기의 자기중심적인 마귀인
또 마구니인 망념의 마음으로부터 벗어나야 하고
자기라는 망념의 존재를 버려야 그 자체가 될 수가 있다

자기라는 존재를 우리가 가만히 생각하여 보자
부모님으로부터 몸 하나 받아서
세상에 살아왔던 것이 자기가 자기다
어릴 적부터 살아왔던 산 삶과 자기 몸을 버리는 것이
마음을 닦는 공부이고
죄 사함하는 것이다
죄란 자기 망념인 허상인 자기의 알음알이와
그 틀을 가지고 있어
그 속에서 자기가 묶여 사니
그것이 죄인이고 그것이 마귀다
마음 닦는 공부는 산 삶을 회개하고 그 몸을 없애는 것이다
팔 단계까지 공부를 다 마치면
자기로부터 벗어나서 창조주 자체가 되는 것이다
그 자체가 완전히 된 자는
자기의 이마에 있는 생각뭉치에 진리가 있는 것이라
이마에 인친 자이고 백호광명을 받은 자라
인간이 죄 사함 다한 자와
인간이 회개 다한 자와
인간이 마음 다 닦은 자가 완성된 자라
살아서 천극락에 나서
천국 삶 살고 천국 일하며 산다

지극한 자들만 따라할 수 있는 깨달음

사람들은 자기 속에 그 망념의 노예가 되어
망념이 지금 살고 있는 모양이다
망념이란 없는 생각일 것이다
없는 생각이란 참이 아니라 없는 것이다
자기가 가지고 있는 생각의 일체는 진리가 아니라
그 자체는 허인 것이다
그 망념의 틀이 강하고
자기중심적인 편협된 마음 가진 자는
진리를 이루기가 힘이 든다

철학자가 인간은 생각하는 갈대라고 이야기한 것은
그 생각하는 마음이 왔다갔다한다는 뜻이라
사람은 그 망념된 마음에 하나인 중심적인 마음만 있어
진리가 무엇인지 어떻게 찾는 건지 또 바른 것인지를
알 수도 없고 알지 못한다
이 마음공부도 그저 열심인 곰 같은 마음 가진 자가
다 이루는 것 같다

이 마음 가지는 자는 평소의 살아온 자기의 모습이다
자기만 다 버리면 일체가 이루어진다
너의 탓 남의 탓이 아닌 모든 것은 나의 탓이고
내가 잘못한 것을 아는 것도
속 좁은 나의 관념 관습에서 벗어날 때 아는 것이라
자기의 의식이 크지 않은 자가
큰 이야기의 소리를 아무리 해도
보이지도 들리지도 않는다
나는 끝까지 하라고 수많은 이야기와 격려를 해주어도
자기가 강한 자는 공부를 못하는 것을 많이 본다
그저 일심인 지극한 자만이 이루어낸다
만고불변의 살아 있는 진리가 되지 않고는
진리로 영원히 천극락에 살 자가 없는 것이라

결국은 나 속에 참과 허가 있는데
참과 허가 싸움하는 것이 이 마음공부다
참인 진리가 이기면 살아 영생 천극락 가는 것이고
참이 지면 허 속서는 실 아닌 허라
영원히 죽는 것이라
허가 다 죽은 자만 참으로 다시 나서 사니
이 땅 이곳이 천극락이고
실인 이 땅 이곳에서 이 몸 벗어도

그대로 영원히 사는 것이라
인간으로 나서 살아생전 천극락 가는 이때에
망념의 자기 때문에 못 이루어서는 되겠는가
망념의 자기를 벗어던지고
모두가 진리가 되어 영생 천극락에 살자

참

일체가 적막하고 만물이 잠자는 어두운 밤
날이 밝으면 천지의 만상이 나고
날이 밝으면 천지의 만상이 살아 움직이고
날이 밝으면 천지의 만상이 일체 있음 알고
지난밤에 있었던 귀신 얘기가 실이 아니지
사람도 망념 속에 사는 자는
그 망념 속 살아 밤과 같지
빛의 나라 난 자는 빛의 나라에 살아
귀신 씨나락 까먹는 소리가 없지
밝은 낮과 같은 경지지

이 세상의 일체는
사람의 마음이 수십만 가지를
짓고 부수고 살고 있기에
그 마음이 없고 진리의 빛 가지면
모두가 하나인 참인 나라 살 수가 있지
그 나라의 주인 되어 살 수가 있지

지난밤에 바람 불고
지난밤에 으스스하고
지난밤에 청기와 집을 짓던 그것이
모두가 날새면 꿈이 되고
꿈 깬 자의 빛의 나라는
현실적으로 모두가 잘 살고
모두가 허황된 꿈꾸지 않아
실인 현실 충실한 자 되지

사람들의 어리석음

사람들은 자기 몸과 마음으로 자기 속에 산다
자기 속에서 사는 삶은
자기가 경험한 것밖에 알지를 못한다
사람들은 어떻게 해야 살고
어떤 것이 죽는지 알지를 못한다
사람이 지혜가 없어서라
사람이 알지 못해서라
사람이 이 몸이 있을 때는 그 생명이 목숨에 있듯이
목숨이 없으면 우리는 죽었다고 한다
인간도 그 목숨이 없어져도 사는 것은
완전함인 창조주가 되면 살 수가 있는 것이라
사람은 하나님을 닮게 만들었다는 것은
사람 속에 하나님인 진리가 계셔서
사람이 우주 자체의 에너지 빛이라야 살 수가 있는 것이라
자기가 진리가 되지 않고 산다는 것은
모두가 허된 망념의 짓이라
영원한 생명이란 창조주의 빛과 에너지라

사람이 영원히 살 수 있는 방법은 이 자체밖에 없다
이 자체가 되지 않고는 살 수 있는 방법이 없다
믿음이란 이 자체가 되어 마음으로 확증하는 것이다
이 시대 각 종교의 미완성은
성인들의 뜻을 이해 못하고 그저 기복을 하고 있음이라
성인들은 각 종교에서 부르는 한얼님 하느님
부처님 알라 하나님은
모두가 진리를 이름한 것이라
그 말에만 묶이어 있지 말고 회개하자
자기의 죄 사함을 하라
또 무여열반 대반열반 구경열반 하라
죄인을 버리면
중생의 더러운 마음을 닦으면
모두가 성인으로 날 수가 있는 것이라
믿음의 정의를 몰라
그저 맹목적인 믿음으로 천국 간다는 허황된 사실을
사람은 지혜가 없어 모르고 있는 것이라
영생과 천국은 진리가 되지 않고는
갈 수가 없는 것이 상식적인 이야기다
어떤 존재가 구원을 해준다는 것도
진리가 되는 방법을 가르쳐주는 것이고
죄 사함하는 방법을 가르쳐주는 것이지

이것이 생겨라 하면 생기고
천극락 나라고 하면 나는 그런 것이 아니라
천극락은 진리 된 자만 사는 나라고
살아서 천국 간 자라야 천국에 갈 수가 있다
살아서 영생하는 자가 영생할 수가 있다
자기의 죄업을 다 사한 자만이 사는 나라가 영생천국이다
지금 진리가 안 된 것은 진리가 안 된 것이고
진리가 아니라 지금 진리가 되어 있어야 되는 것이라
사람들의 참뜻대로 성인들의 말씀대로
지금은 모두가 행하여 이루어지는 때라
지금은 모두가 진리 되어 살아서
영생천국 나서 사는 때이고
이 땅에서 천국이 이루어지고
이 땅 이곳에서 하늘나라 쌓은 복만큼
그대로 그냥 몸이 없어져도 사는 나라가 영생천국이라
이생 저생이 둘이 아니고
그냥 이대로 사는 나라가 천극락이다

창조주

하늘에 구름이 없으면 하늘만 있지
마음에 구름이 없으면 하늘만 있지
만상과 하늘이 있다는 것 아는 것 없애면 하늘만 남지
하늘 그 자체로 무한대가 되어 다시 나면
영생이고 그 나라가 천국이지
하늘나라가 멀다고 하는 것은
사람의 의식이 죽어 있어
사람이 하늘에 닿지 못해서지
사람이 하늘이 되지 못해서지

자기의 의식이 가장 클 때
하늘인 천지를 담을 수 있지
담아야 창조주를 알지
창조주가 되어 봐야 지혜가 있지
하늘도 몸 마음이 있지
하늘의 몸 마음을 정과 신이라 하지
보신불 법신불이라 하지

하늘 자체를 한얼님 하느님 알라 하나님 부처님이라 하지
이 자체가 창조주이시고 전지전능 자체이지
전지란 정과 신의 신이라
신을 알고 신 된 것이 지혜의 근본이고 지혜 자체지
천지가 있는 대로가 진리이고
천지가 이미 다 깨쳐 있는 것 알고
사람을 진리 되게 하여 살리고
그 나라의 삶을 살아야 한다는 것 아는 것이 지혜라
지혜란 신이 지혜라
정이란 만상의 어머니라
만상은 정에서 난 것이라

신은 하늘에 없는 곳이 없이 그냥 있어라
신은 만상에 그냥 있어라
그러나 인간이 자기의 마음으로 그 신이 없어라
그 마음 버리는 것이
회개이고 참회이고 죄 사함하는 것이라
인간은 자기의 죄업으로
신과 하나가 되지 못하니
신은 진리라 진리가 되지 않고는 살 자가 없으니
살아 진리가 되어야 살 수가 있는 것이라
산 자가 진리가 된 자요 진리라야 산 자라

하늘이 진리이고
창조주가 하늘의 참뜻인
창조주인 하늘이 되어 봐야 알 수가 있는 것이라
창조주는 전지전능한 다 살아 있는 나라 산다
회개하여 하느님의 나라 들자

죽는 것을 죽도록 죽어야
신과 하나가 되어 완성될 수가 있다

팔 단계를 다 깨치는 데에는
각 단계마다 죽는 방법은 다르지만
자기라는 존재를 수없이 버리고 없애어 본다
각 단계마다 자기의 집착된 마음이
깨어질 만큼 깨어져야 한 단계를 통과하는 것이라
한 단계 통과 직전 참으로 가슴이 갑갑해하는 사람도 있고
한없이 자기를 버려 보는 이도 있다
그러다가 한 단계를 통과하는 것 같다
자기를 죄인이라 인정하고 마귀를 죽여 보리라는
각오를 한 자들은 비교적 잘하는 편이나
그것을 못 깨치고 그냥 죽어 도나 한번 이루어 보려는
자기중심적인 틀이 강한 자는 고개를 못 넘기는 것 같다
참 참회 회개 하는 자만 갈 수가 있기에
심판을 받는 것이다
나 속에 참과 허와의 싸움을 붙여 놓은 것이
이 마음공부인데
허가 참을 탐하면 참이 없고

참이 이겨 허를 무시하고 없애면 참이 있는 법이다
자기의 업이 두터운 자는
다시 말하면 허인 그 업이 두터운 자는
넘지 못하는 것 같다
이것이 바로 선악이 심판받는 것이다
저단계에서는 자기의 마음이 닦이니 병도 낫고
마음도 조금 편하여지니 흰 이빨을 내고
세상을 다 가진 양 하다가 자기를 못 이기면
그만큼 했었던 것이 어디 갔는지
그것이 사람들의 마음이다
고마워할 줄 모른다
천국을 가는 길은 자기를 버리고 죽이고 넘어간 세계다
그 방법에 따라 묵묵히 곰처럼 하다가 보면
다 이루어진다
죽는 것을 죽을 만큼 죽어야 완성으로 가는 것이라
그래서 나는 죽는 것을 죽도록 죽어야
다 이룰 수 있다고 사람들에게 말한다

구름이 없으면 하늘만 남지

구름이 없으면 하늘만 남지
마음에 망념이 없으면 하늘만 남지
보고 아는 나마저 없으면
그 하늘 되지
그 하늘 되어 다시 나면
영생하고 하늘나라 살지

빈 배에 사공이 홀로 서서

빈 배에 사공이 홀로 서서
두리번 사람을 기다리누나

강 건너 사람이 기다려
노 저어 가구나

기쁜 일 슬픈 일 시집 장가 가는 일
사연도 수가 없이 많았구나

사공이라 냉대해도
그 마음에 없이 대하구나

오가는 사람 속에
낯익은 사람의 이런저런 사연의
소리만 남기고 떠나가구나

사공은 말없이 그 일이 천직이라

매일매일 하구나

몇 해 전 시집간 갑순이가
몇 해 전 서울 간 영순이가 갑돌이가 고향 찾아와도
사공만 변함없이 그 배에 있구나

유유히 흐르는 강물의
세월이 흘러가고
사공도 늙어 노 젓기가 힘드는 모양이라
탄 이가 안쓰럽다

이 강의 사연이 얼마이던가
멱 감다 죽은 사람들
큰물에 떠내려간 사람들
자살한 사람들
수많은 사연 안고 강 건너가는 이들

그러나 강물만 말없이 흘러가고 있구나
예나 지금이나 강물만 흐른다
인간도 강물 같아
세월이 흐르면
그때가 지나가는 것이다

사람의 마음만 오가지만
원래는 그냥 있음 모르고
사연만 있구나

인간의 사연만 있구나
천하에 만물이 그렇게 흘러가누나

그렇게 흘러감을 아는 것이 부처님임을
사람이 모르누나

미국

미국의 이 땅을 사람들은 개척지라고 하나
이 땅은 이미 동이족인 우리의 혈통이 이 땅에 살았어라

텍사스주의 달라스는
악명 높은 오스왈드가
존 에프 케네디 대통령을 암살한 곳이
달라스의 다운타운이다

휴스턴은
멕시코 땅을 휴스턴 장군이 전승하여
그 이름이 휴스턴이고
석유가 많이 생산되었다가
지금은 그 석유 생산이 줄어들어
우리의 많은 교민들이 떠났어라

남쪽 도로를 타고 동북으로 가면
애틀랜타가 있어라

애틀랜타는 킹 목사의 무덤이 있고
남북전쟁 당시 남군의 상이 있는 바위산이 있고
코카콜라 본사와 CNN방송이 있어라

워싱턴은 미국의 수도이고
필라델피아는 미국의 처음의 수도였어라

뉴욕은 세계 제일의 상업 도시이고
허드슨 강물만 말없이 흐르고
맨해튼을 연결하는 백년 전의 워싱턴 브릿지와
여러 개의 다리가 있으며
엠파이어 빌딩은 백년 전에 일년 만에 지어졌다

보스턴은 학교가 많고
영국인이 이민 초창기에 이곳으로 왔어라
초기의 이민자는 인디언과 함께 살았어라
찰스강을 거닐면 강물만 유유히 흘러라

뉴욕서 허드슨강을 건너면 뉴저지가 있지
처음 서울이었던 필라델피아에서 시카고로 가는 곳은
동부에서 농가가 이민 와 있었던 곳이지
시카고는 큰 호수를 끼고

미국에서 제일 높은 건물이 있지
많은 이가 살지
미국서 두 번째 도시였으나
지금은 LA가 두 번째 도시지

시카고에서 덴버로 가는 길은
네브래스카의 대평원이 있지
큰 평원이지
덴버는 로키산맥 중 하나이지

덴버에서 시애틀로 가는 길은 산길이 많지
이박삼일을 달리면 시애틀에 도착하지
시애틀은 겨울이면 비가 오고
캐나다 밴쿠버도 겨울은 시애틀과 같지

산호세는 시애틀에서 하룻밤을 지새며
가야 하는 거리이지
그곳은 샌프란시스코와 가까이에 있어
샌프란시스코는 세계의 미항 중 하나지

LA까지는 여덟 시간 걸리지
LA는 우리 교민이 가장 많이 살지

LA에 가까이 있는 오렌지카운티는
LA와 같이 살기 좋은 곳이지
LA에서 하와이까지는
비행기로 여섯 시간 걸리지

이곳들을 나는
2002년부터 일 년 동안
세 바퀴 반이나 돌았지

성인은 모두가
진리나라에 안테나가 있었지

성인이라고 하면
우리는 하늘에서 보내진 이로 생각할 수도 있고
또 자기가 닦아서 되었다고 생각할 수도 있다
이 우주는 말없이 그냥 있는 것 같으나
그 우주의 표상이 만물이고
그 우주의 표상이 사람이라
전지전능한 창조주는 살아계시기에
필요한 시때에 인간을 통하여
하늘인 우주의 뜻을 전하여 왔다
사람들에게 회개하고 참회하라고
언젠가는 천극락이 오는 때가 있다고
이야기한 자들이 성인이다
이들은 모두가 우주의 주파수와 하나가 되어
신인 자기 마음인 영혼이 부활하여
그 영혼과 대화할 수가 있고 들을 수가 있어
하늘의 뜻을 전할 수 있다
누구나 하늘과 하나가 된 자기의 의식 속에

진리의 신이 있어
그 몸을 통하여 전할 수 있다
하는 일은 자기의 그릇만큼 하게 되어 있다
참은 그 자체가 나와야
모두가 진리가 될 수 있고
지상천국이 이루어지고
이 세상 저세상이 둘이 아닌
완전한 세상을 이룰 수가 있다
진리는 완전하기에
완전하지 않고는 영원히 사는 방법이 없다
그것은 참회 회개 하는 방법이다
그것만이 진리 되게 할 수가 있다
모두가 진리가 되는 때다

말씀으로 산다는 뜻

말씀으로 산다는 뜻은
말씀은 이성인 근본 성품이라
말씀으로 산다는 뜻은
사람 마음에 근본 성품인
창조주가 임해야 산다는 뜻이라

믿음의 차이

사람들은 종교를 믿고 산다
인연 따라 종교가 다른 것이라
사람은 성인의 가르침을 따른다
사람은 성인의 말씀을 따른다

참 믿음이란
진리이신 성인 그 자체와
하나가 되는 것이고
하나님 부처님 알라와 하나가 되는 것이다
그 자체로 가는 길이
자기의 의식이 무한대 우주 이전의 우주인
창조주와 하나로 커갈 때만이
깨침이 있는 것이라

깨침이란
개체의 의식이 완전함으로 갈 때만
깨침이 있다

그 완전한 진리의 존재가
자기의 의식이 커진 만큼
자기 속에 존재하는 것이다
진리의 존재가 커진 만큼 존재하니
그 사람의 의식이 큰 만큼
진리의 존재를 믿는 것이다

진리의 존재란
무한대 우주 이전의 허공인 우주라
그 자체가 된 자가 다 믿은 자라
나의 입장이 아닌 진리의 입장이 아닌
진리의 입장 자체 되어
진리의 뜻으로
진리나라 일하며 사는 것이 믿음이라
자기의 죄업을 사하여
자기 속에 진리가 있을 때
있는 만큼 믿는다

우리는 진리를 한꺼번에 알고 깨치는 줄 알고 있으나
인간이 진리인 그 자체가 되기란 힘이 드는 것이다
사람은 자기의 집착된 마음이
그 죄업이 자기 속 간힘이 너무 많기에
그 집착이 한꺼번에 한 번만에는 불가능한 것이다
개체의 그 죄업을 버린 만큼 알아지는 것이 깨침이라
나는 수많은 이를 공부시켜 보아도
한 사람도 한꺼번에 깨친 자가 없었다
그만큼 닦은 만큼 깨쳐지는 것이다
다 깨쳐 완성이 되면
망념이고 생각뭉치인 이마에 창조주인 신이 임해야
더 닦을 것이 없는 것이다

마음이 부자라야 부자다

마음이 부자라야 부자라는 말은
사람의 마음은
자기중심적인 자기의 가짐의 마음이다
자기의 가짐의 마음에는
자기에게 이로운 것만 맞으니
그 좁은 마음에는 참이 없어라
참이란 진리라
허된 망념의 마음에는
항시 그 망념이 사니 허덕이고
헛되이 마음이 허하여 사는 것이라
그 마음에 참이 없어 마음이 가난한 것이라
마음에 진리가 있는 자는
그 마음에 허가 없는 부자인 것이라
또 그 마음이 가장 커서
일체의 실을 다 가져 마음이 부자라
그래서 부자라

깨달음은 창조주의 말씀이다

우리가 깨닫는다고 하는 것은
나의 집착된 참된 마음이 없고
망념된 마귀의 마음만 있는데
그 마귀를 쫓아냄과 동시에
본래인 창조주의 마음이 나타나서
창조주처럼 무한대 우주 이전의 우주 자체로
돌아감과 동시에 깨침이 있는 것이다
그 창조주의 마음으로 커진 만큼
인간은 깨치는 것이다
결국은 창조주가 나타난 만큼
마음속 창조주가 말씀하시는 것이라
그것이 깨침이고
그것이 창조주의 말씀이라

창조주의 사랑은 수용이다

석가모니 부처님은 대자대비를 말씀하셨고
예수님은 사랑을 말씀하셨다
창조주는 좋고 나쁘고
또 추하고 깨끗하고 잘했고 못했고
죄인이고 죄인이 아닌 산 자이건
모두가 그냥 보고 그대로 있고
일체의 모든 것을 다 수용하여 살려주신다
이것이 대자대비이고
이것이 사랑이라
무조건적인 사랑이라

인간의 모두에게
만물만상의 일체에게
똑같이 사랑하시나
인간의 마음만 자기의 마음에 가려
그 참사랑을 모른다
하나님의 사랑은

항시 그대로 사랑하는 수용된 마음이라
창조주는 대자대비이시고
창조주는 사랑 그 자체이시다

진리가 와도 인간은 모르고 진리인 자만이 안다

인간은 자기의 죄업에 갇혀 있어
인간은 진리라는 것을 모른다
인간은 그 진리를 모르기에
진리인 구세주가 와도 모른다

성경에 말세가 언제 오느냐고 물으니
아무도 모른다고 하나님만 안다고 했다
또 구세주가 도둑과 같이 온다고 했고
또 깨어 있으라고 했다
또 인자가 온다고 했고
또 만인이 다 본다고 했다
이 말씀은 모두가 진리가 사람으로 왔을 때
그 진리가 사람이라 사람은 진리를 볼 수가 없고
자기의 관념의 환상적인 구세주를 기다리기에
그 환상에 맞지 않으면 아니라고 한다
구세주는 이렇게 하라고 해서 천극락 가는 것이 아닌
영원불변의 창조주 진리인

우주의 에너지와 빛으로 화하게 하여야
그 진리라야 살 수가 있는 것이라
사람은 진리 됨을 모르고
또 진리를 모르기에 망상의 존재를 기다리나
그것은 자기가 기다리는 존재는
영원히 기다려도 오지 않는다

진리로 오실 분은
산 자와 진리 된 자만 알 수가 있으며
진리 된 자가 없기에 모른다
또 사람 중 진리가 있어도
만인이 모두 보고 있지만 알지를 못하고
만인이 진리인 사람을 보고 있지만
사람이 모르기에 도둑과 같이 오고
아무도 모르고 진리만이 알고
사람을 진리 되게 하나 사람은 모른다

구세주란 진리 되게 하는 자라

사람들은 흔히들 세상에 구세주가 온다고 말하고
각 종교에서는 미륵이 온다고도 하고
재림예수가 온다고도 하고 정도령이 온다고 하여
또 열석자로도 온다고도 하고 판 밖에서 온다고 하였다
이 모든 곳에서 기다리나 그 시때는
아는 자가 아무도 없는 것이
진리 된 자가 와야 진리 된 자만이 알기에 그렇다
사람은 자기의 의식에 자기가 환상하는
그런 자가 와야 하는데 그런 자는 세상에 없고
그런 자는 영원히 기다려도 오지 않는다
사람들은 그 구세주가 와서 자기가 선택된 자인 줄 알고
천극락의 나라에 데리고 가는 줄 알고 있다
천극락은 죄가 하나도 없고 진리인 구세주가 된 자만
갈 수가 있는 것이라
사람들이 지혜가 없어 어느 것이 살고 죽는지 모른다
산 자만이 이 사실을 안다
우리가 상식적으로 생각해 봐도

진리인 만고불변의 창조주의 에너지와 빛 자체로
나지 않고는 살 자가 없다
진리가 되지 않고는 살 자가 없다
진리가 되지 않고는 영생천극락에 살 수가 없다
구세주란 영원한 생명을 줄 수가 있어야 하기에
그 진리인 생명을 주어야 한다
진리 되게 하는 자가 구세주다

이 모든 것은 다 내 탓이다

이렇게 보는 것도 내 탓이고
저렇게 보는 것도 내 탓이라
남의 잘못도 내 탓이고
남의 잘함도 내 탓이고
남의 잘잘못을 생각하는 것도 내 탓이라
세상의 모든 것이 내 탓이고
세상 돌아가는 일체의 조건이 모두 내 탓이라
세상 탓도 조상 탓도
부모 탓도 남편 아내 탓도
자식 탓도 형제 탓도 친구 탓도
모든 세상 사람 탓이 아닌 모두가 내 탓이라
원수도 미운 사람도 고운 사람도
잘난 사람도 못난 사람도
더럽고 깨끗한 사람도 모두가 내 탓이다

자기만 알고 자기 틀에 맞으면 맞고
자기 틀에 맞지 않으면 틀렸다고

자기만 생각하는 이놈이 가장 나쁜 자라
세상에서 가장 좁은 마음 가진 자가 나이고
세상에서 가장 못난 자가 나이고
세상에서 가장 더러운 자가 바로 나라
정말로 죽일 사람은 바로 나라
이 나를 잡아 없애야
세상이 바르게 되고
세상이 참이 되지
잘못한 사람이 잘못된 사람이
바로 자기라는 것을 아는 사람이
가장 지혜 가진 자이고 완성될 수 있는 자이지

세상은 바르고 이미 깨쳐 있으나
나가 바르지 않아
좁은 마음의 틀로 보고 있기에 바르지 않지
살아서 천극락 못 가는 것도
하늘복 못 쌓는 것도
모두가 내 탓이고
내 잘못이지

창조주에게 잘못했습니다
천지만물에게 잘못했습니다

세상 사람에게 잘못했습니다
조상님께 잘못했습니다
부모님께 잘못했습니다
형제님께 잘못했습니다
남편과 아내에게 잘못했습니다
자식에게 잘못했습니다
미운 이 고운 이에게 잘못했습니다
원수님께 잘못했습니다
친구님께 잘못했습니다
모든 인연에게 잘못했습니다

마음수련 안내

마음수련은 1996년 우 명 선생에 의해 창립되었습니다.

마음수련 안내 2019년 7월 현재

【국내】

논산 메인 센터
(041)731-1114

서울
강동 02-476-9952
고속터미널 02-593-4005
공덕 02-704-9952
관악 02-888-9952
구의 02-2201-9952
내방 02-535-9953
노원 02-930-9953
마곡 02-3664-9960
명일 02-481-9952
목동 02-2631-8041
미아 02-989-6590
방이 02-418-9952
사당역 02-585-9952
상암 02-303-9952
서대문 02-392-9952
석촌 02-420-9952
성신여대역 02-953-9952
수서 02-451-9953
신도림 02-2671-9952
압구정 02-548-9951
양재 02-529-1164
여의도 02-782-9952
오금역 02-431-9952
왕십리 02-2291-9952
은평 02-385-9952
종로2가 02-725-7245
철산역 02-2615-9952
청담 02-517-9950
태릉입구역 02-948-9952
테헤란로우대 02-546-9952
홍대입구역 02-337-9952

인천
동인천 032-777-9952
모래내 032-471-9952
부천상동 032-327-9951
삼산 032-504-9952
송도신도시 032-821-5577
인천 032-435-0508
인천공항 032-752-9952
청라 032-569-7212

경기
고양(대화) 031-919-9952
고양(일산) 031-903-9952
고양(운정) 031-947-9951
고양(주엽) 031-925-9952
고양(화정) 031-969-9957
구리 031-567-9952
김포 031-989-9952
동백 031-679-0542
동탄 031-613-9939
상록수 031-475-9952
서현 031-706-0234
성균관대역 031-291-9952
성남 031-742-9952
수내 031-711-9952
수원 031-234-9952
수지 031-261-2670
시화 031-8044-9952
안양 031-384-9953
야탑 031-701-9244
영통 031-205-9952
오리역 031-715-9952
오산 031-376-9952
의정부 031-837-9952
이천 031-632-9952
인덕원 031-423-9952
장안 031-258-9952
죽전 031-898-0992
평택 031-691-9952

강원
강릉 033-655-7245
문막 033-734-5007
반곡 033-762-9779
춘천(석사) 033-252-0041

대전
관저 042-542-1925
노은 042-825-1171
대덕밸리 042-933-7245
둔산 042-489-7245
반석 042-826-7253
서대전 042-257-1020
송촌 042-636-7245
유성 042-824-2700
태평 042-521-1020

충남
당진 041-355-2346
두정 041-566-0300
보령 041-934-8254
부여 041-837-8254
불당 041-574-0068
서산 041-667-8254
신방 041-579-7245
아산 041-541-0333
옥룡 041-857-8254
중앙 041-732-7757

충북
금천 043-288-8253
서원 043-256-5007
오송 043-239-8254
제천 043-645-4104

충북혁신 043-877-7245
충주 043-843-3311

부산
기장 051-743-7245
냉정 051-312-7245
당리 051-204-7245
대연 051-622-7245
명륜 051-552-7245
미남 051-556-7245
반여 051-531-7245
부산대역 051-583-7279
부전 051-853-1246
수영 051-757-7245
연산 051-505-7245
중앙동 051-467-7245
해운대 051-703-7245
화명 051-361-7245

대구
남산 053-253-7254
다사 053-584-7254
대천 053-639-7254
만촌 053-761-7254
시지 053-794-7254
안심 053-961-7254
죽전 053-525-7254
칠곡 053-326-8266
침산 053-351-7254
황금 053-742-6433

울산
무거 052-247-8600
신정 052-257-7245
언양 052-262-7245
우정혁신 052-297-2285
전하 052-232-7245
호계 052-292-7245

경남
거제 055-637-8063
거창 055-942-8244
고성 055-674-7254
김해 055-323-7245
대방 055-284-7282
도동 055-762-7245
마산양덕 055-245-8254
마산해운 055-244-8254
밀양 055-355-8188
반림 055-286-7254
사천 055-855-7245
삼계 055-313-7254
상남 055-222-7254
양산 055-362-7245
장유 055-311-7254
중동(창원) 055-298-8254
진주 055-747-7245
진해 055-545-8254
통영 055-641-8254
함양 055-964-7245

경북
경주 054-749-9952
김천 054-431-7254
도량 054-444-7254
문경 054-554-7254
안동 054-853-7254
영주 054-638-7254
진평 054-473-8254
창포 054-241-4828
포항 054-274-4828
황성 054-748-9952

광주
백운 062-655-7245
상무 062-383-7245
수완 062-959-7245
우산 062-522-7245
운암 062-513-8800

전남
광양 061-792-8254
북항 061-279-8254
순천 061-744-1044
여수 061-654-2345
전남도청 061-284-8254

전북
김제 063-546-7245
남원 063-625-8477
모현 063-855-9032
삼천 063-236-0501
서신 063-276-0601
송천 063-272-0501
수송 063-464-5552
익산 063-833-9032
인화 063-855-7245
인후 063-284-0601
정읍 063-533-8254

제주
서귀포 064-763-7245
신제주 064-745-7245
제주시청 064-726-7245

마음수련 안내

【해외】

■ 북미

미국

CA 캘리포니아
노스 할리우드 1-818-747-2231
노스리지 1-818-831-9888
롱비치 1-562-912-7400
버클리 1-510-526-5121
산타클라라 1-408-615-0435
샌디에고 1-858-886-7363
샌프란시스코 1-650-301-3012
얼바인 1-949-502-5337
오렌지 1-714-521-0325
캠벨 1-408-508-9323
파사디나 1-626-795-2200
행콕팍 1-213-908-5151
헐리우드 선셋 1-310-977-1713
CO 콜로라도
덴버 1-303-481-8844
FL 플로리다
브로워드 1-954-368-4100
GA 조지아
스와니 1-678-698-8307
IL 일리노이
글렌뷰 1-847-663-9776
네이퍼빌 1-630-313-4477
하트랜드 1-224-433-6338
MA 매사추세츠
보스턴 1-781-643-2651
MD 메릴랜드
락빌 1-301-770-7778
엘리컷시티 1-410-730-6604
NC 노스캐롤라이나
랄리 1-919-771-3808
NJ 뉴저지
린드허스트 1-201-933-0313
티넥 1-201-801-0011
팰리세이즈팍 1-201-592-9988
NV 네바다
라스베가스 1-702-254-5484
NY 뉴욕
롱아일랜드 1-516-441-5983
베이사이드 1-718-225-3472
브루클린 1-718-622-1868
잭슨하이츠 1-718-764-7445
플러싱 1-718-353-6678
플레인뷰 1-516-597-5077
PA 펜실베니아
메인라인 1-215-782-8709
TX 텍사스
달라스 1-469-522-1229
어스틴 1-512-585-6987
플래노 1-972-599-1623
VA 버지니아
알링턴 1-703-354-8071
WA 워싱턴
퓨젯사운드 1-425-336-0754
훼드럴웨이 1-253-520-2080
미국령 괌
괌 1-671-489-7245

캐나다
미시사가 1-289-232-3776
밴쿠버 1-604-516-0709
토론토 1-416-730-1949

■ 중남미

과테말라
과테말라시티 502-2360-6081
도미니카공화국
산토도밍고 1-829-466-4510
멕시코
과달라하라 52-33-3633-4999
멕시코시티 52-55-2614-7448
티후아나 52-664-380-8109
브라질
모에마 55-11-5594-4288
브라질리아 55-61-3045-4700
빌라마달레나 55-11-3676-0873
아클리마쌩 55-11-2537-5725
아르헨티나
까바시또 54-11-4586-1408
꼴레히알레스 54-11-4554-0064
팔레르모 54-9-11-6731-6862
플로레스 54-11-4633-6598
에콰도르
키토 593-2-604-3377
엘 살바도르
엘살바도르 503-2306-3778
칠레
산티아고 56-2-2813-9657
프로비덴시아 56-9-3262-7078
콜롬비아
깔리 57-2-379-8586
메데진 57-4-260-7727
팔레르모 57-1-631-3984
바탄 57-1-302-7832
파나마
파나마 507-399-4605
파라과이
아순시온 595-972-127-448
페루
산이시드로 51-1-605-9425
라몰리나 51-1-299-1738
수르끄 51-922-573-519

■ 아시아

대만
타이페이 886-989-763-445
말레이시아
조호바루 60-14-919-8225
쿠알라룸푸르 60-16-272-1081
미얀마
양곤 95-94-2113-9996
방글라데시
버나니 880-17-9544-8113
베트남
하노이 84-127-365-8097
호치민 84-93-410-4297
스리랑카
콜롬보 94-76-700-2893
싱가포르
탄종파가 65-6222-4171
인도
구르가온 91-70-4223-9996
뭄바이 91-22-4972-0354
인도네시아
땅그랑 62-21-5421-1699
자카르타 62-821-777-9972
일본
무사시코스기 81-44-387-8228
동경 81-3-6806-6898
오사카 81-6-6776-2753
캄보디아
프놈펜 855-12-207-104
태국
방콕 66-2-118-3749
필리핀
마카티 63-2-856-6943
올티가스 63-2-687-1294
홍콩
홍콩 852-2572-0107

■ 아프리카

남아프리카공화국
케이프타운 27-76-714-0108
프리토리아 27-71-618-3198
마다가스카르
안타나나리보 261-34-91-203-08
보츠와나
가보로네 267-76-697-753
에티오피아
아디스아바바 251-96-691-3882
우간다
캄팔라 256-784-820-724
이집트
카이로 20-10-2779-1229
잠비아
루사카 260-96-292-4383
케냐
나이로비 254-700-128-128
탄자니아
탄자니아 255-76-3338-505

■ 오세아니아

뉴질랜드
오클랜드 64-9-480-7245
호주
맨두라 61-8-9586-2070
멜번 61-3-8763-1628
시드니 61-2-9743-6427
퍼스 61-8-9414-6514

■ 유럽

독일
베를린 49-30-2100-5344
러시아
모스크바 7-499-124-7471
스웨덴
스톡홀름 46-76-804-6806
스페인
바르셀로나 34-930-23-6102
영국
윔블던 44-208-409-3619
이탈리아
로마 39-346-527-6243
밀라노 39-346-516-2306
제노바 39-349-364-2607
포르투갈
리스본 351-21-594-9455
프랑스
파리 33-147-66-2997
헝가리
부다페스트 36-1-950-9974

영원히 살아 있는 세상

우 명 지음

1판 1쇄 발행 2004. 5. 8
1판 4쇄 발행 2019. 7. 29

발행인 최창희
발행처 참출판사(주)
서울시 마포구 성미산로3길 67 우편번호 03969
전화 02.326.5210(편집) 02.326.5209(영업)
팩스 02.325.1569
E-mail chambooks@chambooks.co.kr
등록 2000. 12. 29 (제13-1147호)

표지 및 내지 그림_ 우 명 선생

ISBN 978-89-87523-23-1 03810

가격 9,800원
잘못된 책은 구입하신 곳이나 출판사에서 바꾸어 드립니다.